提高孩子智力的魔法书

孩子最爱玩的
全脑思维游戏

黎 娜 编著

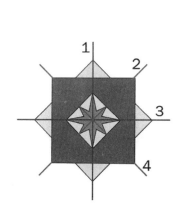

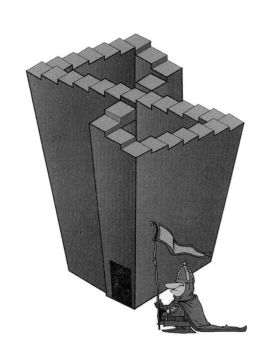

光明日报出版社

图书在版编目（CIP）数据

孩子最爱玩的全脑思维游戏 / 黎娜编著 . -- 北京：光明日报出版社，2011.6
（2025.4 重印）

ISBN 978-7-5112-1138-5

Ⅰ . ①孩… Ⅱ . ①黎… Ⅲ . ①智力游戏 Ⅳ . ① G898.2

中国国家版本馆 CIP 数据核字 (2011) 第 066306 号

孩子最爱玩的全脑思维游戏

HAIZI ZUI AI WAN DE QUANNAO SHIWEI YOUXI

编　著：黎　娜

责任编辑：李　娟　　　　　　　　责任校对：华　胜
封面设计：玥婷设计　　　　　　　责任印制：曹　净

出版发行：光明日报出版社
地　　址：北京市西城区永安路 106 号，100050
电　　话：010-63169890（咨询），010-63131930（邮购）
传　　真：010-63131930
网　　址：http://book.gmw.cn
E - mail：gmrbcbs@gmw.cn
法律顾问：北京市兰台律师事务所龚柳方律师

印　　刷：三河市嵩川印刷有限公司
装　　订：三河市嵩川印刷有限公司
本书如有破损、缺页、装订错误，请与本社联系调换，电话：010-63131930

开　　本：170mm×240mm
字　　数：93 千字　　　　　　　印　张：12
版　　次：2011 年 6 月第 1 版　　印　次：2025 年 4 月第 3 次印刷
书　　号：ISBN 978-7-5112-1138-5-02

定　　价：39.80 元

前 言
PREFACE

著名科学家霍金说过：有一个聪明的大脑，你就会比别人更接近成功。思维能力在人的成功过程中起着举足轻重的作用，没有思维活动的参与，人类的任何发明创造都难以完成。

一个人只有接受更多、更好的思维训练，才能有更高的思维效率和更强的思维能力，才能从竞争激烈的社会中脱颖而出。人的一生可以通过学习来获取知识，但思维训练从来就不是一件简单容易的事情，也不是一蹴而就的事情。许多心理学和社会学家认为思维游戏是一种最好的训练方式——游戏者可以在阅读的过程中，学到大量文史知识和生活常识；在费尽脑力搜寻答案的过程中，打破思维定式；在一大堆看似无用的信息中，找到关键的解题线索……思维游戏不仅符合孩子的生理、心理发展规律，更能满足孩子强烈的求知、成长以及表现自我的心理需求，还可以增强其挑战困难的信心。

可能有不喜欢学习的孩子，但应该没有不喜欢游戏的孩子。本书精选了世界顶级思维游戏大师专门为孩子设计的思维游戏，每个游戏都极具代表性和独创性。孩子在游戏的过程中，可以大胆地设想、判断与推测，发挥想象力，突破固有思维模式，充分运用创造性思维，多角度、多层次地审视问题，将所有线索纳入思考中。本书不但可以使孩子玩得开心，体会动脑动手的乐趣，更能开拓孩子的视野，开发大脑潜力，逐渐培养孩子在今后的生活中以科学的眼睛去发现、探索世界的能力。

在游戏中学习知识，在乐趣中激发潜能，全面开发左右脑，轻松培养多元智能，让父母和孩子在游戏中尽享快乐！

001

在下边所有面具中找出一个带有生气表情的面具，看看你多久能够找出来。

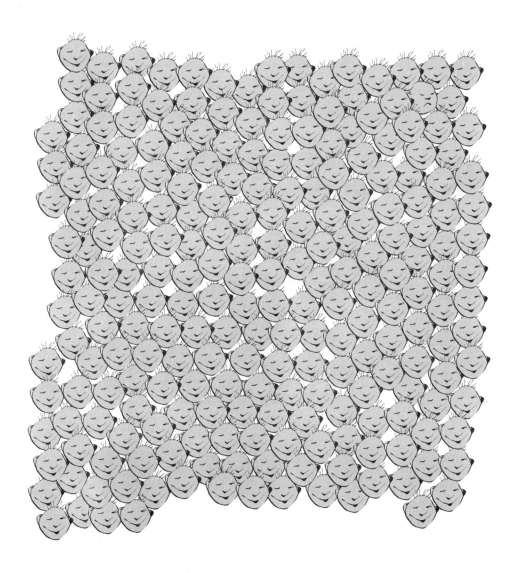

002

下面哪幅图和其他各幅都不同？

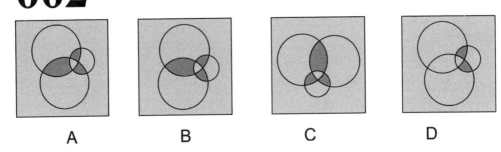

A　　　　　　B　　　　　　C　　　　　　D

003

以下图框是按照一定的逻辑排列的，你能找出问号部分应该使用的数字吗？

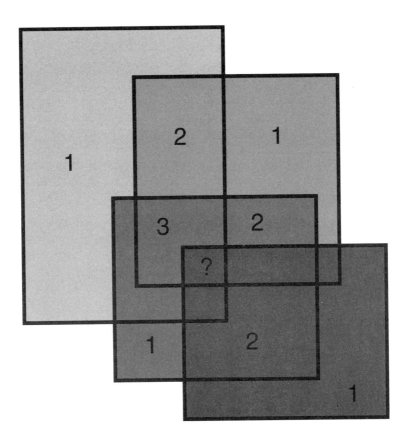

004

想一想，哪个图形可以完成这组序列图？

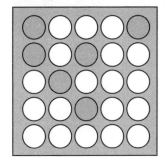
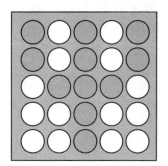
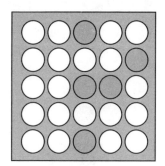

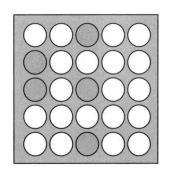
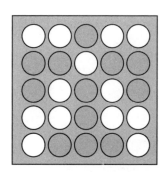
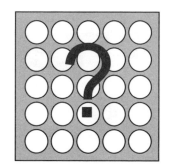

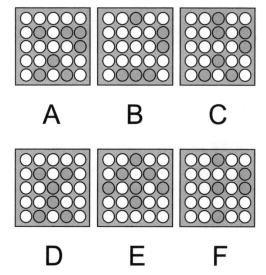

A   B   C

D   E   F

005

如果按照正确顺序排列，以下瓷砖可以组成一个方形，横向第 1 排的数字等同于纵向第 1 列的数字，以此类推。你能成功地组合吗？

006

图中并排放着3粒色子，有7面是可见的，那么其他11面的点数和是多少呢？

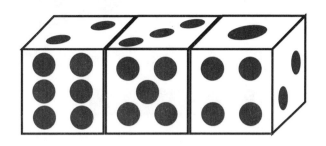

007

如果A对应于B，那么C应对应于D，E，F，G哪个选项？

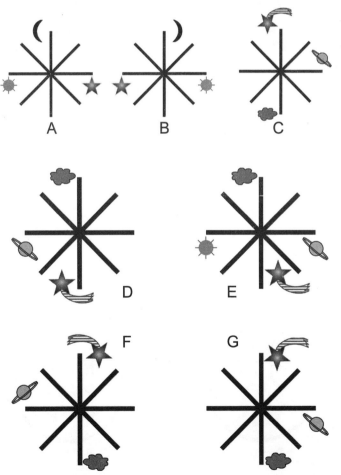

008

如果数列 1 对应数列 2，那么数列 3 对应的是哪一个？

| 1 | 7 | 9 | 8 | 2 | 0 | 6 |

1

| 9 | 6 | 0 | 2 | 1 | 7 | 8 |

2

| 9 | 8 | 2 | 6 | 0 | 1 | 7 |

3

A | 1 | 8 | 7 | 0 | 9 | 6 | 2 |　　B | 0 | 2 | 1 | 8 | 7 | 9 | 6 |

C | 7 | 2 | 1 | 6 | 0 | 9 | 8 |　　D | 6 | 8 | 7 | 1 | 9 | 2 | 0 |

009

以下表情中，哪一个是不同的？

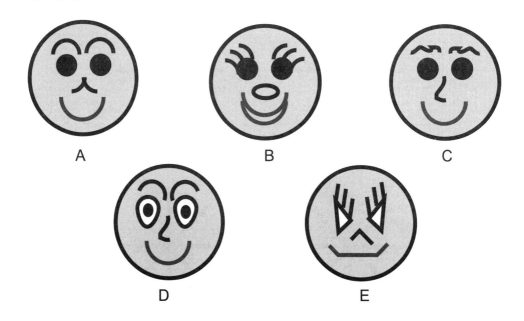

A　　　　　B　　　　　C

D　　　　　E

010

色子家族正在举行宴会，并且把它们祖先的照片挂在了墙上。来参加宴会的色子中，有位是这个家族的客人，你能把他找出来吗？

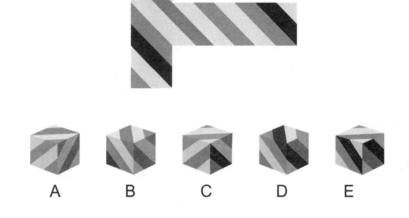

011

根据 A～F 这几个火柴人的排列规律，接下来应该排列的是 G，H，I 中的哪一个？

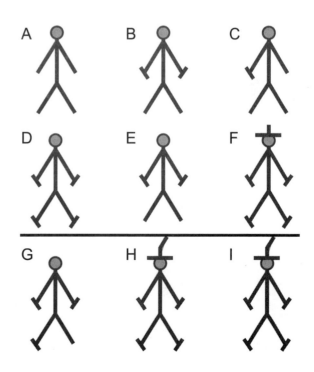

012 将数字 1～9 放进数字路线中，使各等式成立。

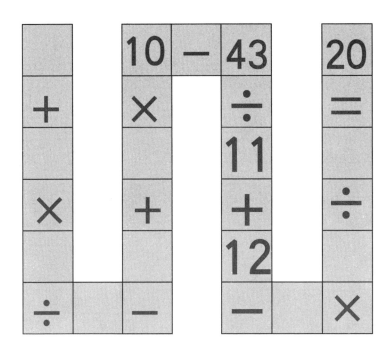

013 猜猜看，问号处应该填上什么数字？

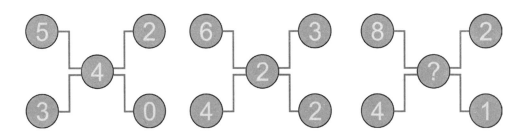

014

以下格子中的标志是按照一定规律排列的。你能找出其规律，并指出缺失部分应当填入的标志吗？

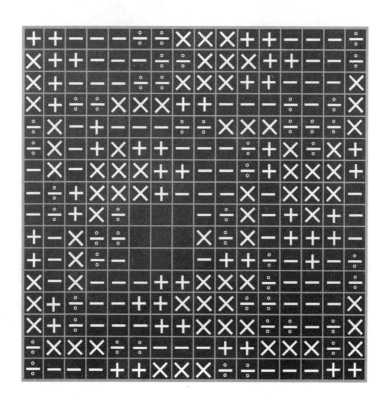

015

猜一猜，哪个字母可以完成这道谜题？

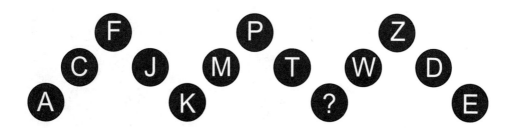

016

以下立方体中，哪两面上的数字相同？

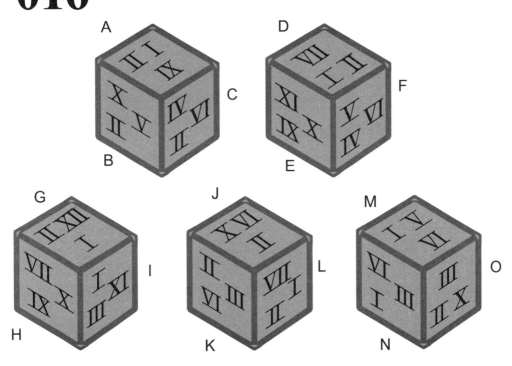

017

仔细算一算，哪些数字可以完成这道谜题？

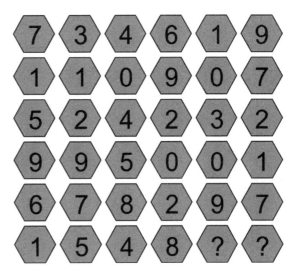

018

格子中的每一种标志都代表了一个数字，你能算出问号代表的数字是多少吗？

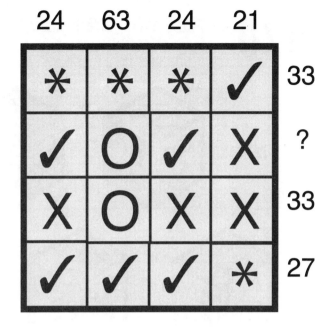

019

这些图形中哪一个与众不同？

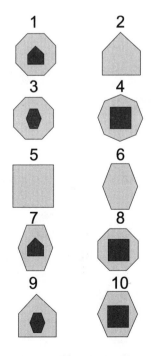

020
以下立方体中，哪两个面上的字母相同？

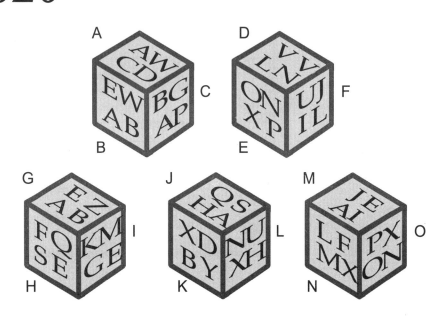

021
从左上角的圆圈开始顺时针移动，求出标注问号的圆圈里应该填上的数字。

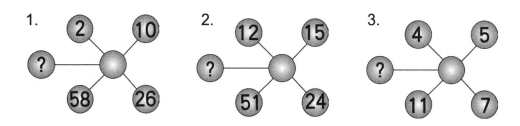

022

方格中的每一种标志代表一个数字,你能算出问号所在处的数字吗?

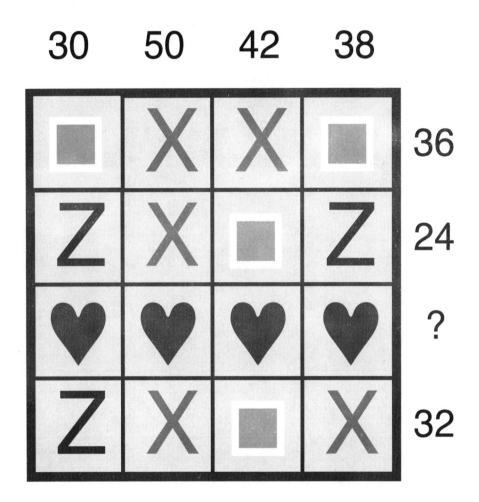

023

7 个大西瓜的重量（以整千克计算）是依次递增的，平均重量是 7 千克。最重的西瓜有多少千克？

024

在下边格子中隐藏着 18 位名人的名字。你能找出他们吗？你可以横向、纵向或者斜向地往前、往后排列寻找。

Austen
Chaucer
Chekhov
Dickens
Flaubert
Goethe
Hemingway
Huxley
Ibsen
Kafka
Kipling
Lawrence
Michener
Orwell
Proust
Tolstoy
Twain
Zola

C	W	C	O	A	L	M	K	W	O	E	A	C	K	L	G	O	Z	A	N
L	H	E	M	I	N	G	W	A	Y	N	E	I	Y	L	M	O	X	A	E
L	E	E	C	M	O	X	K	W	A	X	F	E	X	A	N	B	K	O	S
C	F	A	K	K	E	N	Z	A	E	X	L	A	E	B	L	P	E	F	B
A	Y	E	L	H	M	Z	N	O	E	X	I	A	I	F	H	R	K	L	I
M	O	Q	V	T	O	A	T	E	U	I	W	E	H	T	E	O	G	M	O
A	T	K	V	L	A	V	C	H	A	E	M	N	O	L	E	U	A	B	C
F	S	I	A	T	A	M	Q	L	S	D	I	C	K	E	N	S	S	T	A
A	L	S	T	V	E	M	W	M	N	O	E	I	A	C	H	T	A	C	T
F	O	O	X	W	A	B	E	A	L	L	E	I	T	A	W	W	A	C	G
G	T	O	X	A	E	A	K	F	A	K	I	L	A	A	S	T	A	W	N
O	N	F	B	C	H	J	K	W	L	L	T	J	I	I	E	X	G	H	I
E	N	O	L	F	M	G	O	Z	X	A	Y	N	A	E	B	E	C	W	L
R	V	O	L	F	I	G	A	E	Z	I	U	I	E	J	C	C	K	T	P
E	W	U	V	E	C	U	O	P	T	E	G	B	P	N	H	T	S	E	I
C	S	E	W	X	H	L	H	J	A	L	E	C	E	K	L	T	U	Z	K
U	A	T	A	E	E	C	K	U	W	P	Q	R	A	R	A	E	P	A	Z
A	U	S	T	E	N	X	A	T	A	Q	W	A	L	E	T	A	W	V	E
H	A	P	E	X	E	A	B	C	B	A	C	A	E	W	W	E	X	L	E
C	C	W	A	O	R	W	E	L	L	K	M	N	O	P	P	E	L	T	U

025 问号所在位置应该填入选项中的哪个长方形？

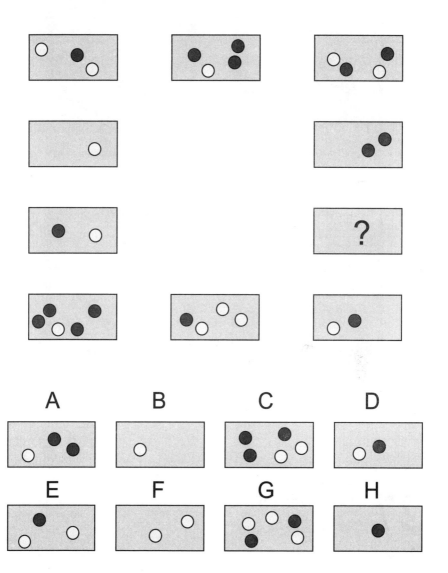

026

除了一幅图以外，其余图片都是按照一定的逻辑排列的。
你能找出哪幅图是例外吗？

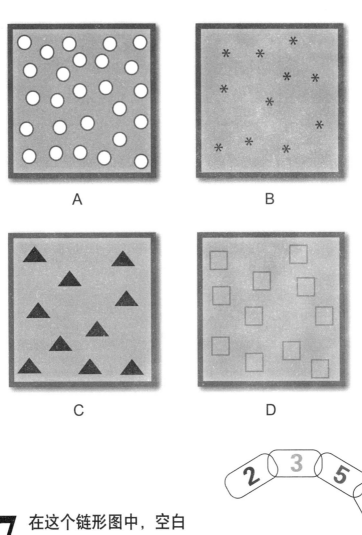

A

B

C

D

027

在这个链形图中，空白
的一环应该填上哪一个
数字？

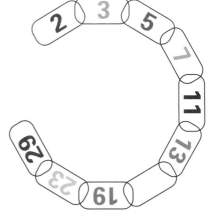

028 图B～F中哪个立方体不能由 A 图折成？

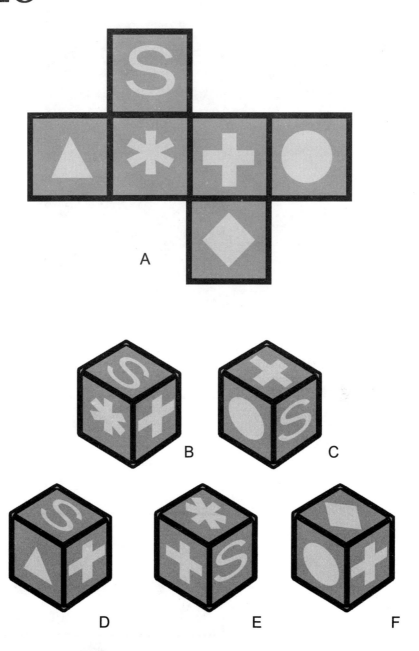

029

画 3 条直线将方框分成 6 个部分，要求每部分都含有每种符号各 2 个。

030

前两组天平是平衡的。为了使第 3 个天平也平衡，应当再加上一个什么图案呢？

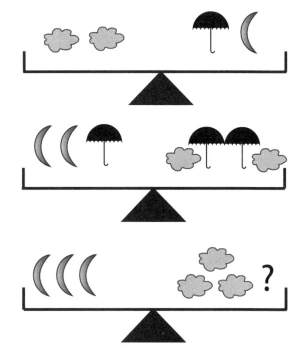

031

要掉在砌砖工头上的
砖有多重？假设它的
重量是1千克再加上半块砖的重量。

032

你能发现哪个火柴人的造型是不同的吗？

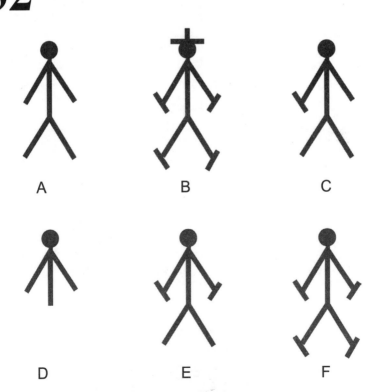

A   B   C

D   E   F

033

以下格子中的标志是按照一定的规律排列的。你能找出其规律，并指出缺失部分应当填入的标志吗？

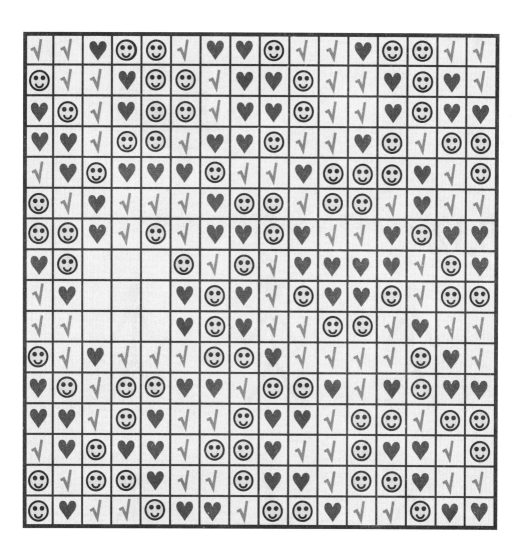

034

你能算出最后那个六边形中缺少什么数字吗?

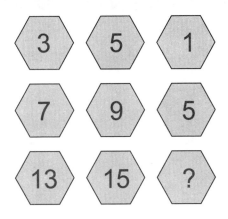

035

问号部分应当分别用什么数学符号替代才能使两个部分的值相同且大于1?你可以在"÷"和"×"之间选择。

036

如图所示，把数字1～4、1～9、1～16、1～25分别放进4个游戏板中，使每个圆中的数字都大于其右侧与正下方相邻的数字，你能做到吗?

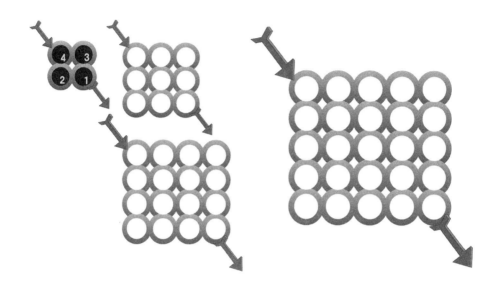

037

格子中的每一种符号代表一个数字，你能算出问号部分应该填入的数字吗？

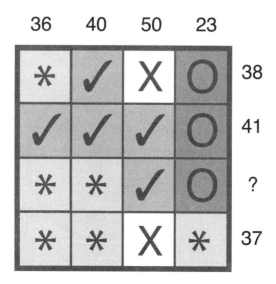

36	40	50	23	
＊	✓	X	O	38
✓	✓	✓	O	41
＊	＊	✓	O	?
＊	＊	X	＊	37

038

所给的 5 块手表中，哪个适合放在图中空白处？

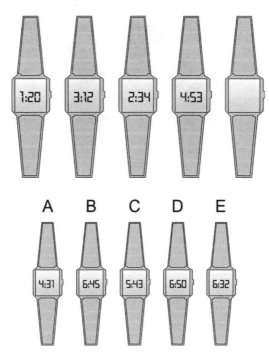

039

以下立方体中有两个面的数字是相同的，你能把它们找出来吗？

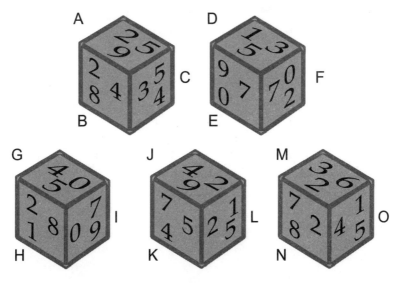

040

请把这 4 个图片拼成 1 个完整的大写字母 T。

041

找出规律，从 A，B，C 表情中找出符合规律的一个。

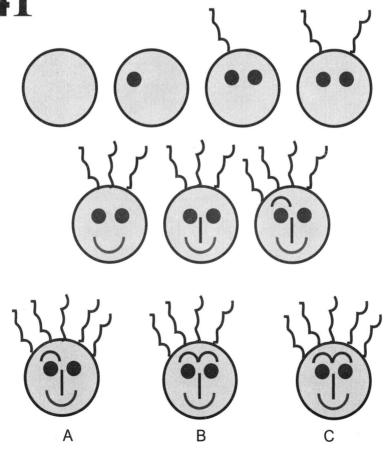

A　　　　　　　B　　　　　　　C

042

你能否将下面的格子图划分成 8 组，每组由 3 个小正方形组成，并且每组中 3 个数字的和相等？

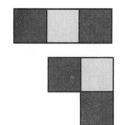

043

找出规律，判断应当在第 2 个天平中放入几个太阳才能使其保持平衡。

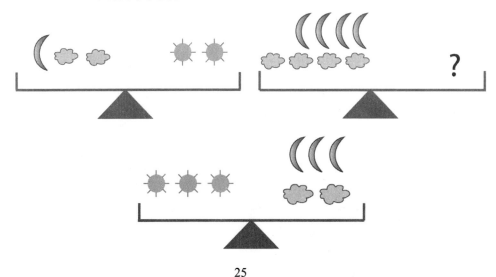

044

下列图形是按照一定规律排列的，按照这一规律，接下来应该填入方框中的是 A，B，C，D 中的哪一项？

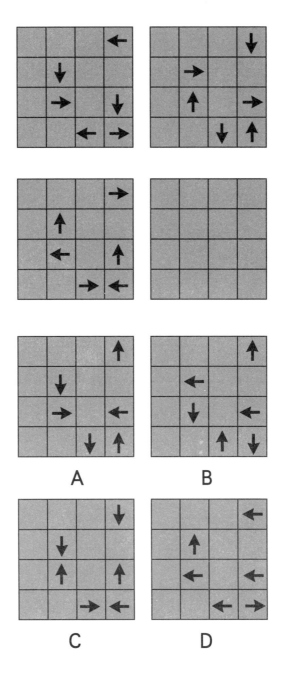

045

在以下立方体中找出含有相同符号的两个面。

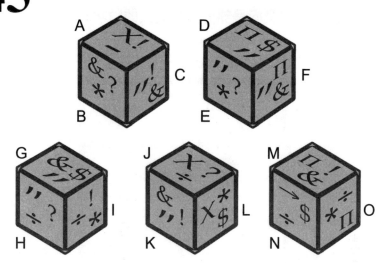

046

下列哪一项和其他项不一样？

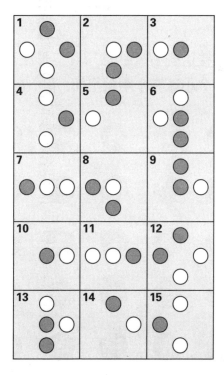

047

格子中的每种符号都代表一个数值，你能算出它们分别代表的数值以及问号部分应当填入的数字吗？

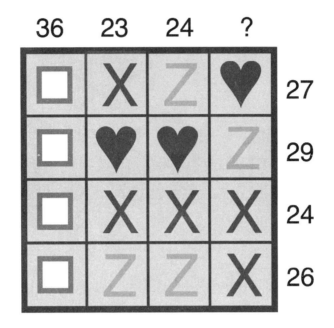

048

用直线连接这些小球中的12个，形成1个完美的十字架，要求有5个小球在十字架里面，8个在外面。

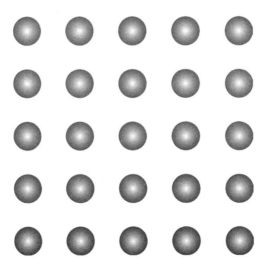

049

你能算出最后一个三角形中的问号部分应当填入什么数字吗？

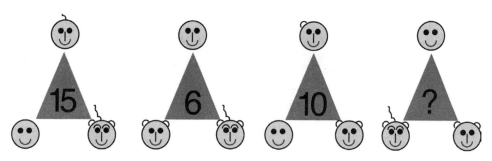

050

将所提供的几排数字插入格子中适当的位置，使方格中每横排、纵列和对角线上数字相加的结果为175。例如：将（C）放入位置（a）。

a				5			g
b				14			h
c				16			i
	49	41	33	25	17	9	I
d				34			j
e				36			k
f				45			l

A
46	38	30

B
31	23	15

C
22	21	13

D
37	29	28

E
40	32	24

F
20	12	4

G
II	3	44

H
35	27	19

I
2	43	42

J
6	47	39

K
26	18	10

L
8	7	48

051

在以下立方体中找出含有相同符号的两个面。

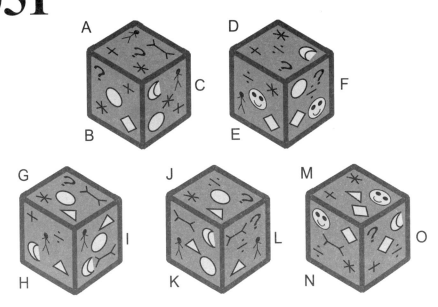

052

用数字 1 ~ 36 填入缺失数字的方格中，使得每行、每列及每条对角线上的 6 个数之和分别都等于 111。

28		3		35	
	18		24		1
7		12		22	
	13		19		29
5		15		25	
	33		6		9

053

方格中的每一种标志代表一个数字，请算出问号所在处的数字。

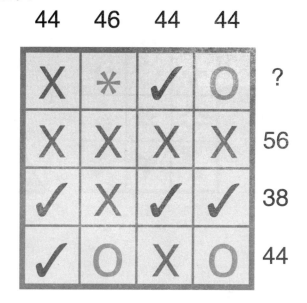

054

从格栅的左上角开始，每个箭头都是按照一定的逻辑顺序排列的。那么，空格处的箭头应朝哪个方向，同时，这个排列顺序是什么？

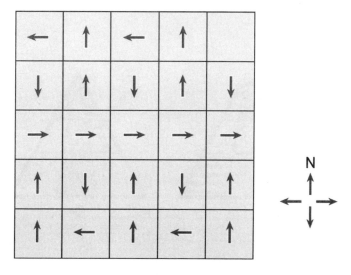

055

如果A对应于B,那么C应对应于D,E,F,G中的哪一个图?

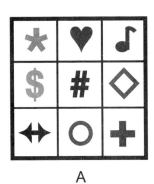

A

B

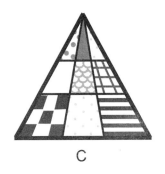

C

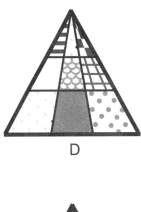

D

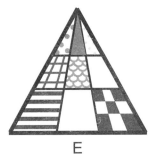

E

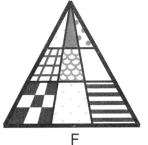

F

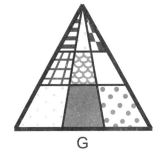

G

056

根据已给出的数列，请推测问号处应填 A，B，C，D，E，F 哪一项？

A
8	8	2
2	9	2
4	7	1

B
2	8	2
1	8	1
4	7	2

C
2	8	2
1	8	1
4	7	1

2	9	3	7	3	2	1	1	8		
			5	4	3	8	4	2	4	2	0
8	3	5	6	6	3	0	2	4		
			7	2	9	2	4	1	8	1	4
6	4	7	4	4	2	8	2	4		
			7	2				1	6	1	4
6	2	9	2	6	**?**	2
			3	9			2	8	2	7
3	4	5	4	8	2	0	1	2
		2	8	6	3	2	1	8	1	6
2	9	4	6	6	2	4	1	8
			7	6	8	6	6	4	8	4	2
5	5	9	3	2	2	7	2	5

D
2	8	2
2	9	2
4	7	1

E
2	8	2
1	9	1
4	5	1

F
3	8	3
1	8	1
4	7	1

33

057

在以下立方体中找出含有相同符号的两个面。

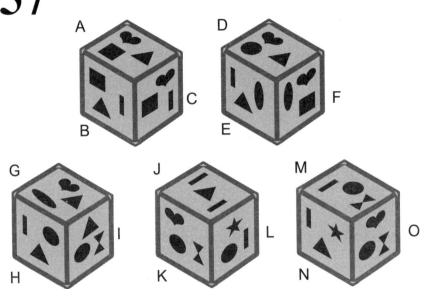

058

我们熟知的最古老的分割问题是七巧板。经典的七巧板是世界上最美妙的难题之一。

把中间方框里的彩色七巧板图片复制并剪下来，你能拼出外框的所有图吗？

当你解决了这里给出的问题，请试着自己发明一些图样。

059

数字和图是根据一定的规律组合的。你能算出问号部分应当填入什么数字吗？

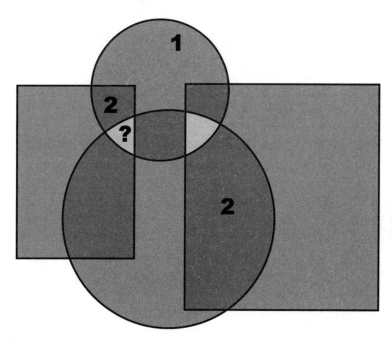

060

想一想，问号处应该填上什么数字？

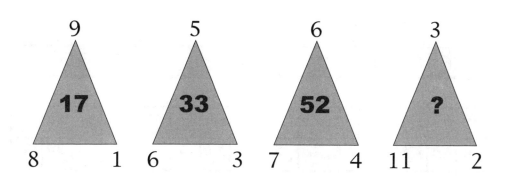

061

以下格子中的表情是按照一定的规律排列的。你能找出其规律，并指出缺失部分应当填入的表情组合吗？

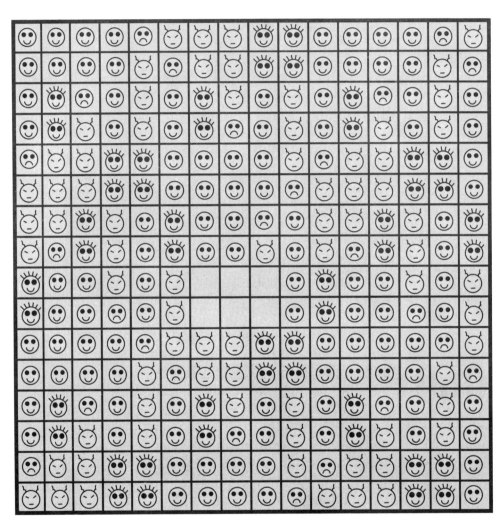

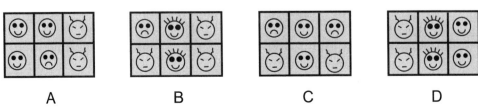

A   B   C   D

062

有人在砌一堵墙。你能替他完成这项工作，把剩下的 7 张多米诺骨牌插入相应的位置吗？但是要记住，每行中要包括 6 组不同的点数，而且这些点数相加的和要与每行右侧的数值相等；每列也要包括 3 组不同的点数，且这些点数相加的和也要与底部的数值相等。

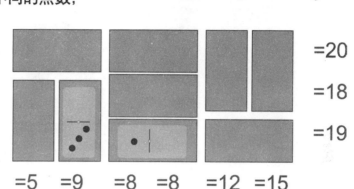

=20
=18
=19

=5　=9　=8　=8　=12　=15

063

在以下立方体中找出含有相同符号的两个面。

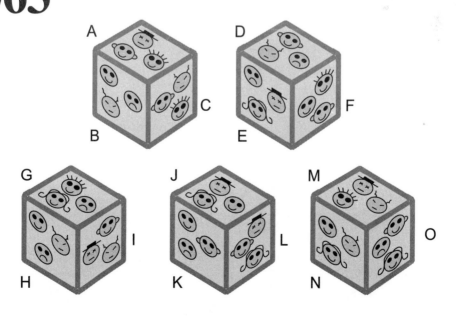

064

用七巧板拼出图中所示的数字，速度越快越好。

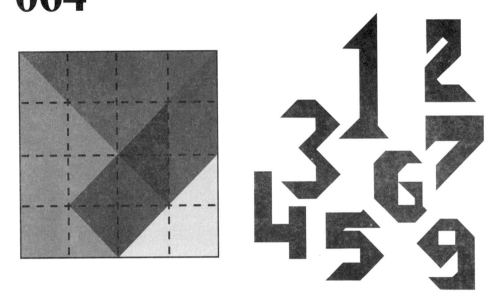

065

如果 A 对应于 B，那么 C 应对应于 D，E，F，G 中的哪一项？

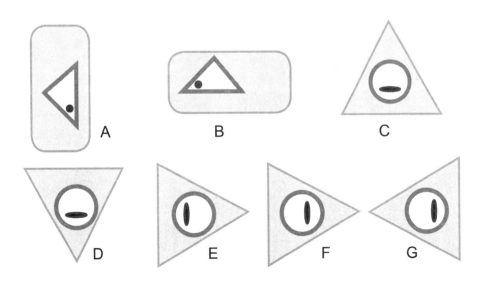

066

利用 0～5 这 6 个数字，在每个小圆上各填 1 个数字，使围绕每个大圆的数值加起来都等于 10。

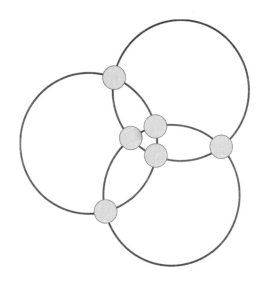

067

在以下立方体中找出含有相同数字的两个面。

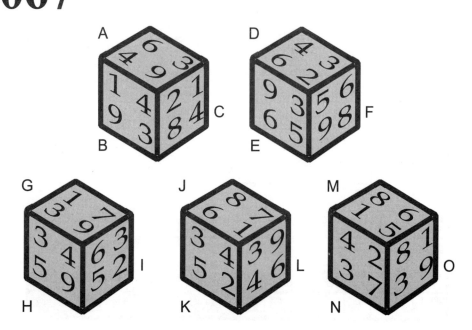

068

你能算出最后那个图形中缺少什么数字吗？

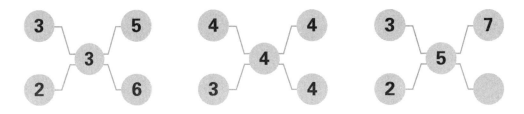

069

以下格子中的图是按照一定的规律排列的。你能找出其规律，并将缺失部分补充完整吗？

070

找出同一横行或竖行上 2 个加起来等于 13 的数字删去（如图所示），最后剩下 4 个数。请问是哪些数？

071

在立方体中找出含有相同标志的 3 个面。

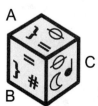

072

找出和其他不同的一项。

12:49	13:67	14:53	15:23	16:57
A	B	C	D	E

073

图中每一个标志都代表了一个数值。你认为在最后一个天平上应当再加入什么标志才能使其保持平衡？

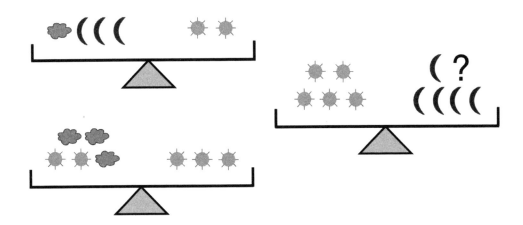

074

16根火柴组成了8个相同的三角形。你能拿掉4根火柴，使这些三角形只剩下4个吗？注意，不允许有2个三角形共用1条边的情况出现。

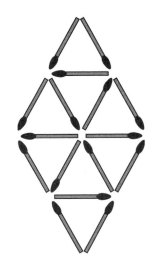

075

你认为在最后一个天平上应当再加入什么图形才能使其保持平衡？

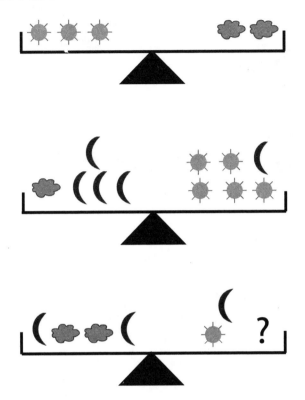

076

这是1个4×3的图形，用12根火柴确定了1个三角形，这个三角形占用了一半的面积。试一试，只移动4根火柴，能不能把现在的面积减少一半。

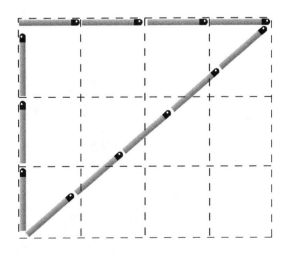

077

你能找出其中一个不同的图标吗？

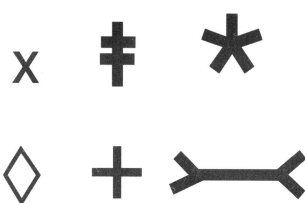

078

木棍摆成如下图案，按怎样的顺序将它们拿开才能最终"解放"第 12 根棍子？记住：每根木棍被拿掉时上面不能压着别的木棍。

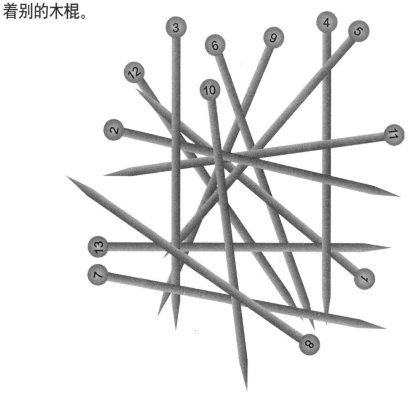

079

格子中的图标是按照一定规律排列的。当你发现其中的规律时，你就能够将空白部分正确地补充完整了。

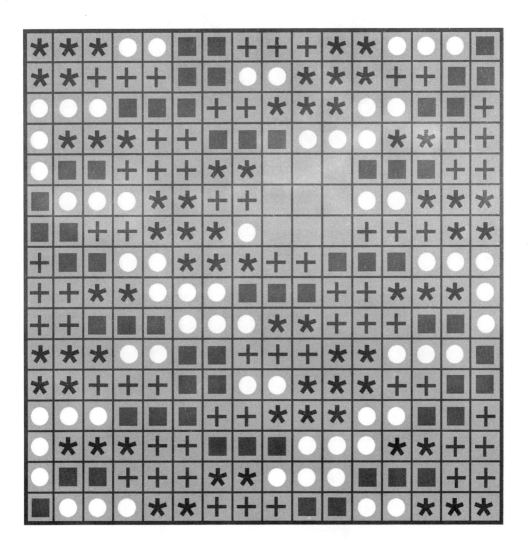

080

图中由一系列线条组成的是同心圆还是螺旋？

081

以下两个图非常相像，但并不是完全相同。你能找出两图之间的 11 处不同吗？

082

画 2 条直线可以把这个十字形分成 4 部分，重新组成 1 个正方形。你能做到吗？

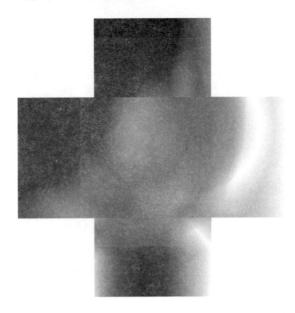

083

你能找出最后一个天平中应当加入什么图标才能使其保持平衡吗？

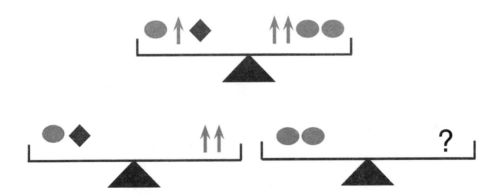

084

这些圆圈是相互交叉的还是同心圆？

085

你能算出每一种图标代表的数值并指出问号部分应当填入什么数字吗？

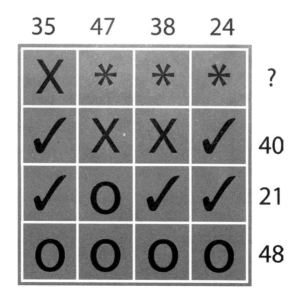

086

在这道谜题中，你必须运用从 1 ～ 12 的数字，每个圆圈中只能放入 1 个数字，而且所有的数字都要用上。将数字全部安放正确，使得各行 4 个数字的总和都等于 26。

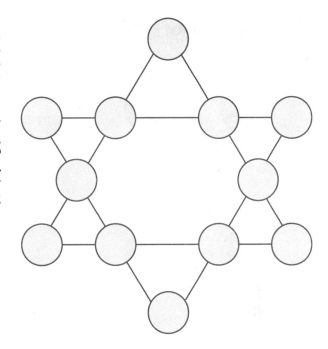

087

哪一幅图的排列规律不同于其他 4 幅图？

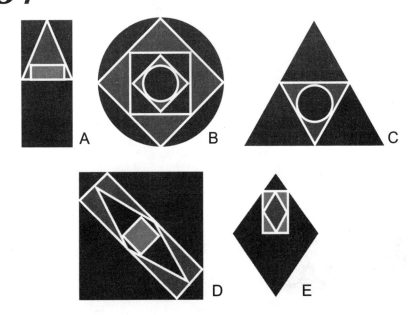

A B C D E

088

猜猜看，问号处应该填入哪个图？

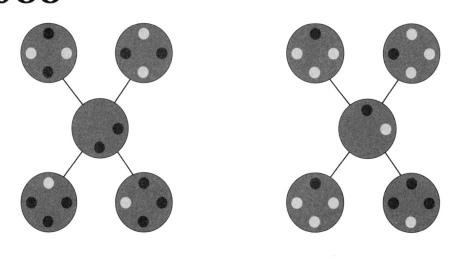

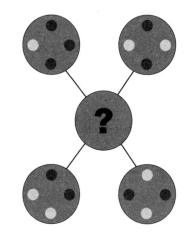

A　　　　B　　　　C　　　　D　　　　E

089

如果 1 对应于 2，那么 3 应对应于 A，B，C，D，E 中的哪一幅图？

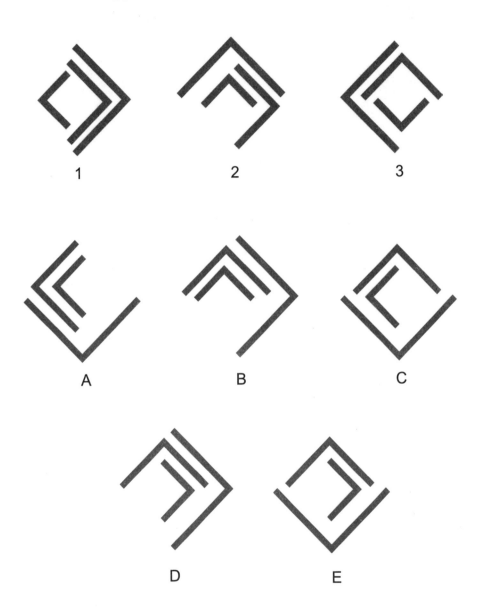

090

这是流行于日本的一种游戏——数独。它的规则比较简单：从 1 ~ 9 这些数字中选择 1 个，放入每个空格中，使每一横排、纵列和 3×3 的格子中都包含了 1 ~ 9 这些数字。

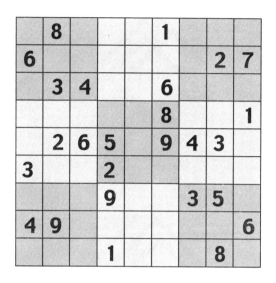

091

哪幅图不同于其他 4 幅？

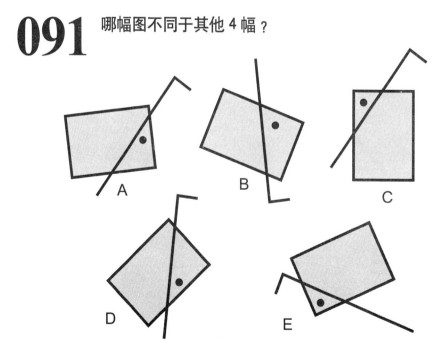

092

在问号的位置上填上合适的数字就可以完成这道谜题。

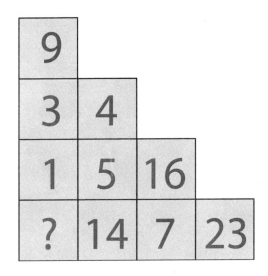

093

哪幅图不同于其他 4 幅？

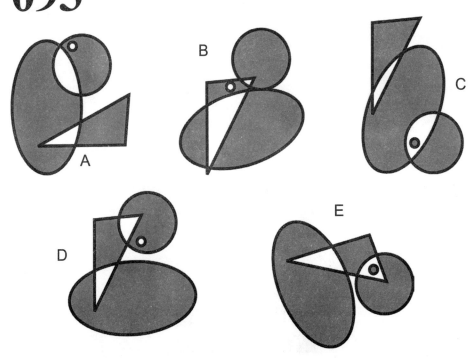

094

图像竖直和水平的边缘是扭曲的还是直的？

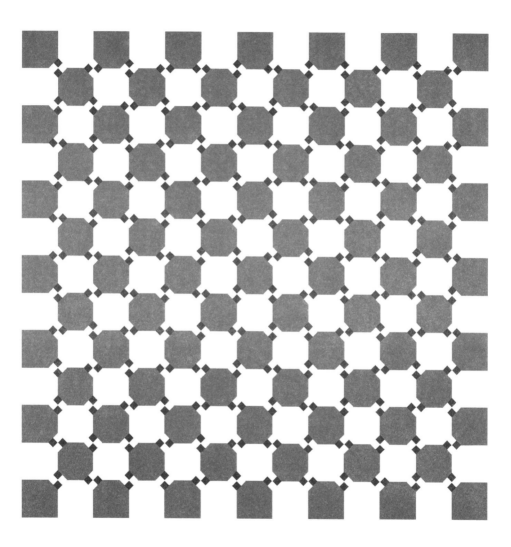

095 如果1对应于2，那么3对对于A，B，C，D，E中的哪一幅图？

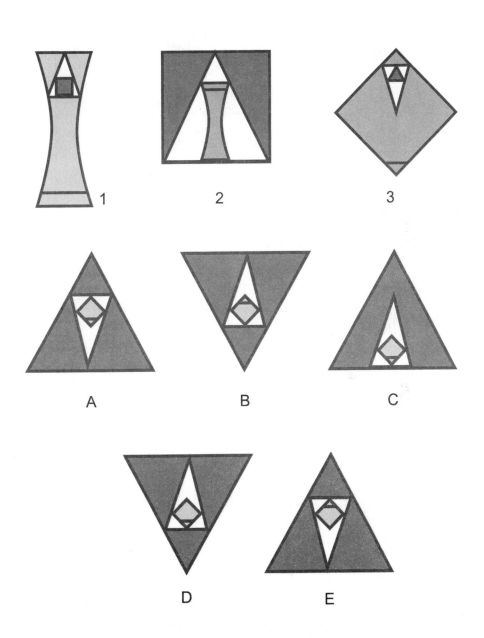

096

哪一个选项可以放在空白处？

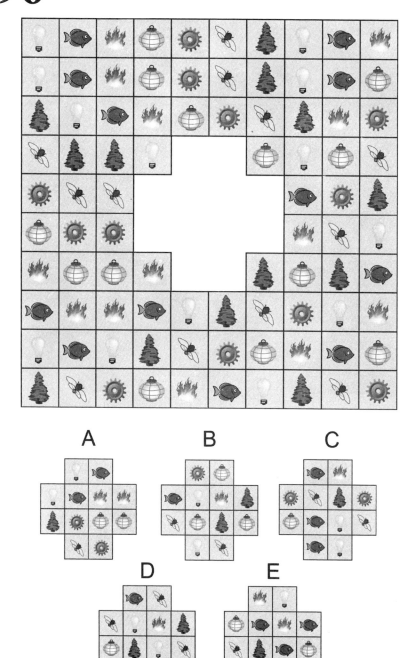

097

如果 A 对应于 B，那么 C 应对应于图 D，E，F，G，H 中的哪一幅图？

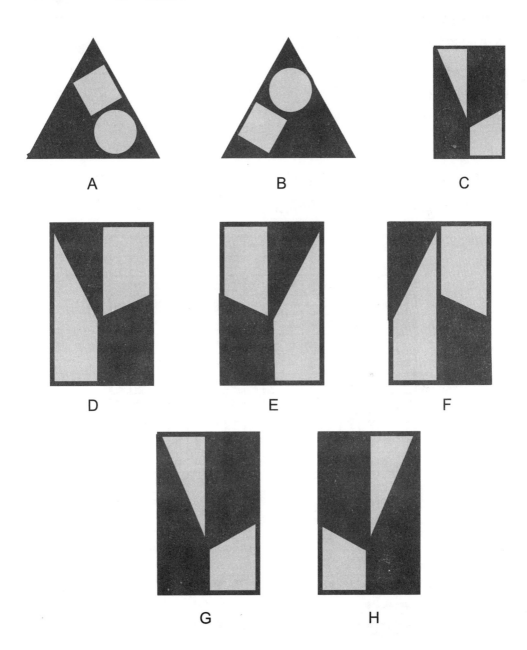

098

在右边的牧场上对称地竖立起8道笔直的栅栏，把它分割成5块小的牧场，使每块牧场都畜养2头牛、3头猪和4只羊。你应该怎样做呢？

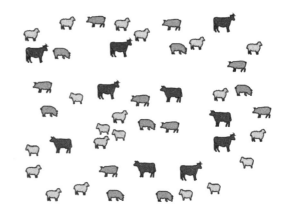

099

格子中的图标是按照一定的规律排列的。当你发现其中的规律时，你就能够将空白部分正确地补充完整了。

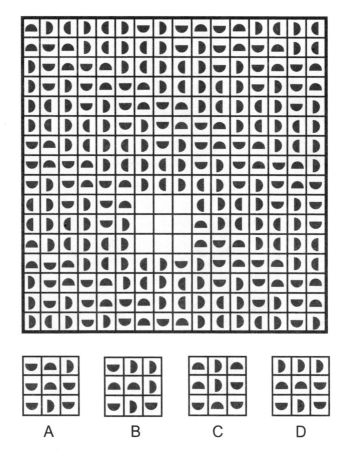

A　　　　B　　　　C　　　　D

100 想一想，应该拿掉哪一个数字下面这组数列才能成立？

1.2.3.6.7.8.14.15.30

101 从图 A, B, C, D, E 中找出符合排列规律的一个。

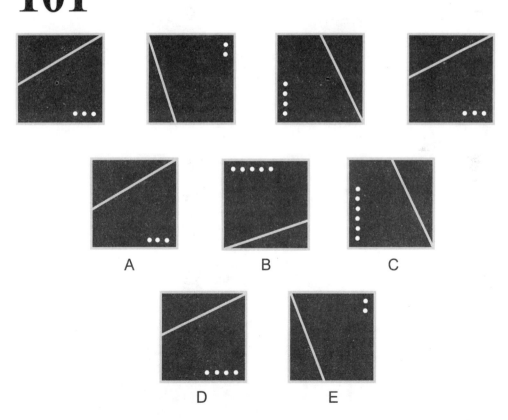

A　　　　　B　　　　　C

D　　　　　E

102

找出规律，在问号部分填上合适的数字。

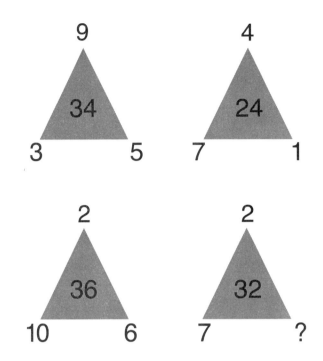

103

你能找出以下立方体的哪些面上包含了相同的字母吗？

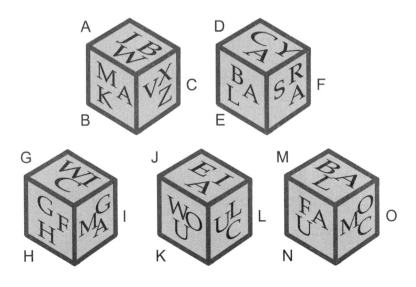

104

猜一猜，哪张扑克牌可以替换问号完成这道题？

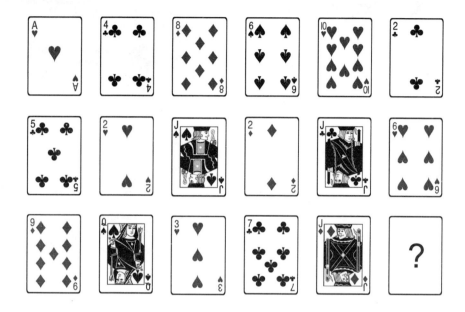

105

下图中的问号部分应该填入什么字母？

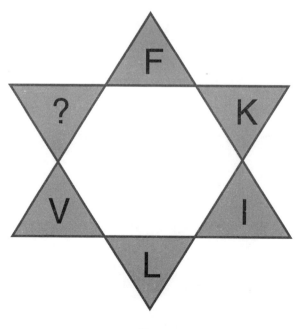

106

你应该一眼就能看到高脚杯，那么，你能看到两个人的轮廓吗？

107

有人在装饰以下蛋糕时出现了错误，你能将其更正吗？

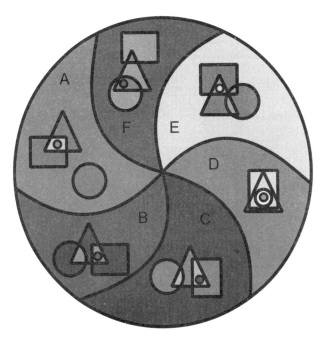

108

如果 A 对应于 B，那么 C 应对应于图 D，E，F，G，H 中的哪一个图？

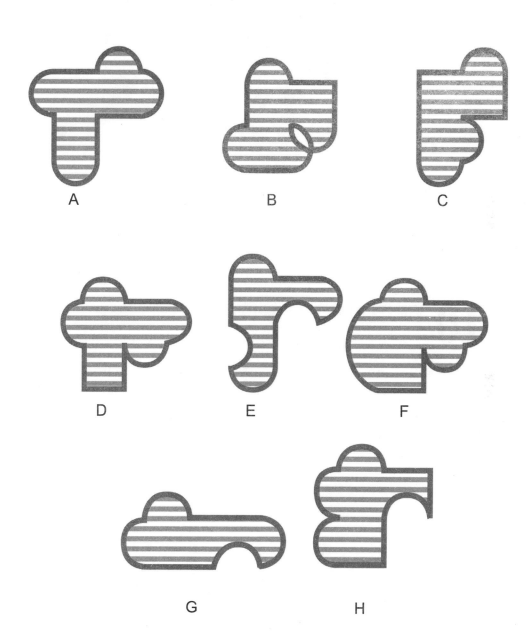

109

现在来一道关于音乐的题目让你放松一下。下边哪一个音符与其他音符不同呢?

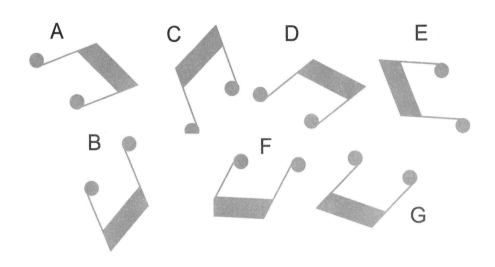

110

你能把不合规律的图找出来吗?

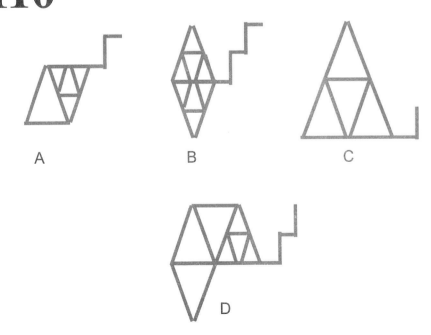

111

问号处的逻辑数值是多少？

0324924831

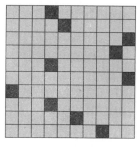

3591300652

？

112

用 4 根火柴组成 1 个开口朝下的玻璃杯，并且在旁边放 1 枚硬币。你能够只移 2 根火柴就把硬币放在玻璃杯内吗？

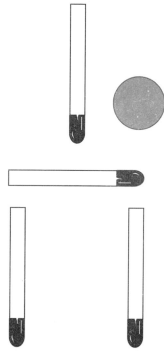

113

图B，C，D，E，F中哪一幅图只需加上一条直线即能得到A图的结果。

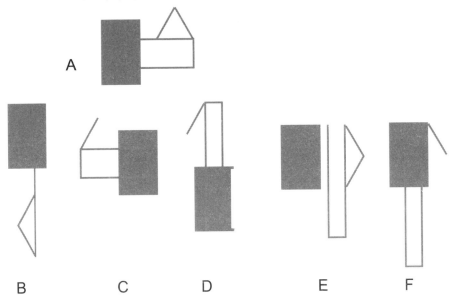

114

你能把这个梯形剪成更小的形状相同的 4 个梯形吗?

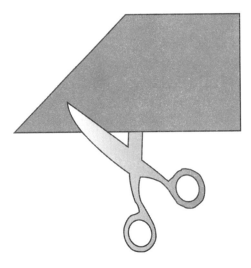

115 A，B，C，D选项，哪个可以完成这组序列图？

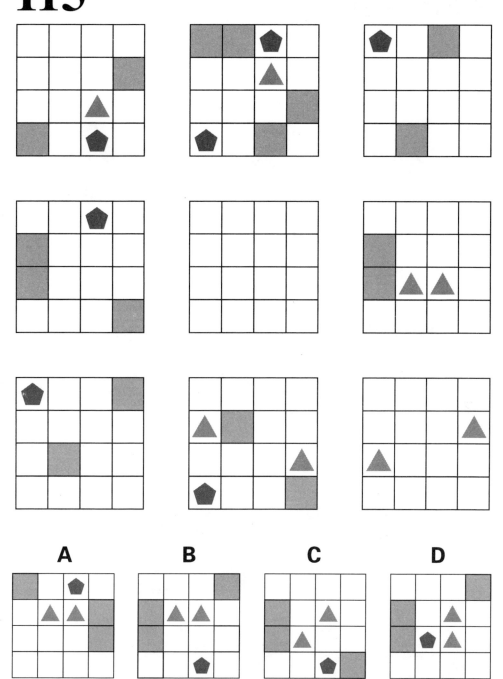

116

如果 A 对应于 B，那么 C 应对应于图 D，E，F，G，H 中的哪一组图？

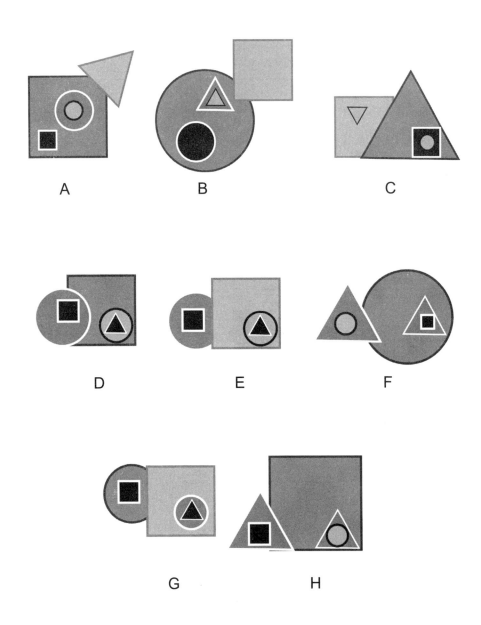

117

要完成这道题，你觉得问号部分应该换成什么数字？

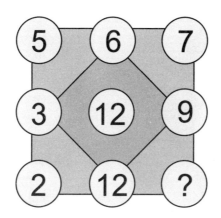

118

观察下图的规律，将缺失部分补充完整。

Z	R	T	T	U	W	W	Z	Z	S	Z	R	T	T	U	W
S	Z	Z	W	W	U	T	T	R	Z	S	Z	Z	W	W	U
Z	S	Z	R	T	T	U	W	W	Z	Z	S	Z	R	T	T
Z	W	W	U	T	T	R	Z	S	Z	Z	W	W	U	T	T
W	Z	Z	S	Z	R	T	T			Z	Z	S	Z	R	T
W	U	T	T	R	Z	S	Z			U	T	T	R	Z
U	W	W	Z	Z	S	Z	R			W	W	Z	Z	S
T	T	R	Z	S	Z	Z	W	W	U	T	T	R	Z	S	Z
T	T	U	W	W	Z	Z	S	Z	R	T	T	U	W	W	Z
R	Z	S	Z	Z	W	W	U	T	T	R	Z	S	Z	Z	W
Z	R	T	T	U	W	W	Z	Z	S	Z	R	T	T	U	W
S	Z	Z	W	W	U	T	T	R	Z	S	Z	Z	W	W	U
Z	S	Z	R	T	T	U	W	W	Z	Z	S	Z	R	T	T
Z	W	W	U	T	T	R	Z	S	Z	Z	W	W	U	T	T
W	Z	Z	S	Z	R	T	T	U	W	W	Z	Z	S	Z	R
W	U	T	T	R	Z	S	Z	Z	W	W	U	T	T	R	Z

119 图中标注问号的地方应该填入选项中的哪个图形？

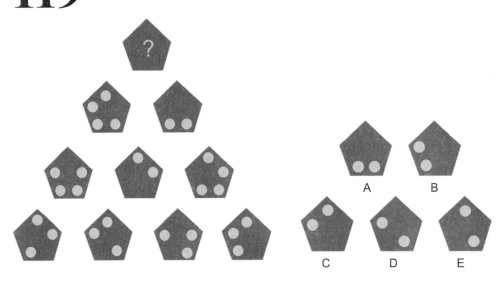

120 你能找出下图中与其他不同的一幅吗？

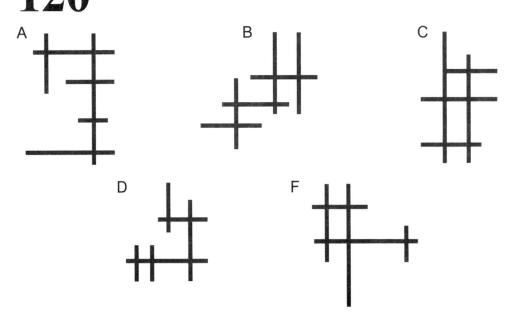

121

在标注问号的方框中填入合适的图形。

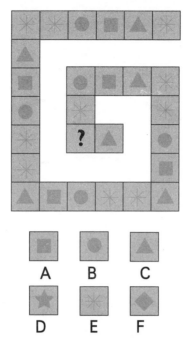

A B C

D E F

122

如果 A 对应于 B，那么 C 应对应于 D，E，F，G，H 中的哪一组图？

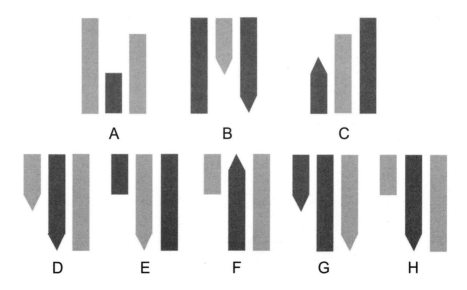

123

哪条线的曲线半径最大？

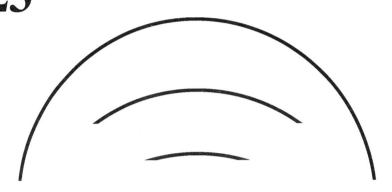

124

如果A对应于B，那么C应对应于D，E，F，G，H中的哪一组图？

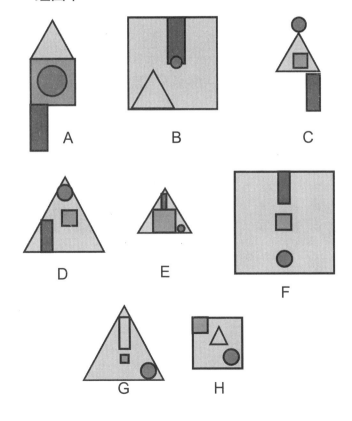

125

你能找出这组数字中不同的数字吗？

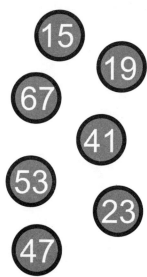

126

每辆拖拉机的工作时间如图所标，拖拉机下面的数字是其运送的土豆的吨数，其中存在着一定的规律，那么你能推算出拖拉机 A 所运送的土豆的吨数吗？

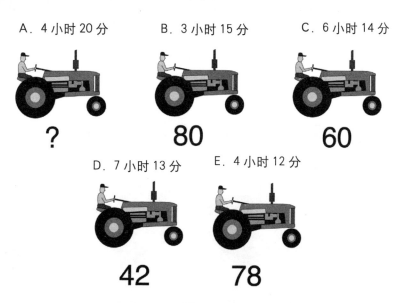

A. 4 小时 20 分　　B. 3 小时 15 分　　C. 6 小时 14 分

?　　　　80　　　　60

D. 7 小时 13 分　　E. 4 小时 12 分

42　　　　78

127

每个地方的间谍需要 2 个密码数字来与指挥部联系。缺少的密码数字是多少?

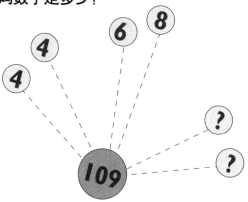

128

哪一个立方体不能由左图折叠而成?

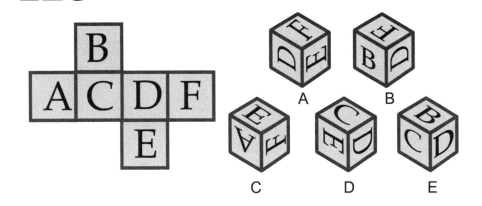

129

根据规律,找出第 4 个钟上应该显示的时间。

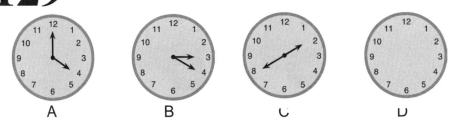

130

你能想象出下一个火柴人应该是什么样的造型吗？

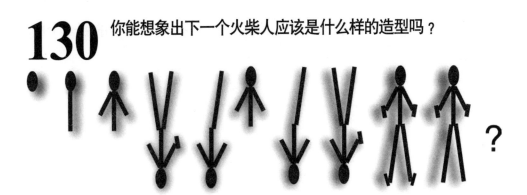

?

131

将这个表格分成 4 个相同的形状，并保证每部分中的数字之和为 50。

8	8	3	6	5	5
8	4	4	7	7	4
5	5	5	8	3	5
9	8	3	4	7	3
7	5	9	3	5	8
6	4	4	8	3	4

132

如果A对应于B，那么C应对应于D，E，F，G中的哪一个图？

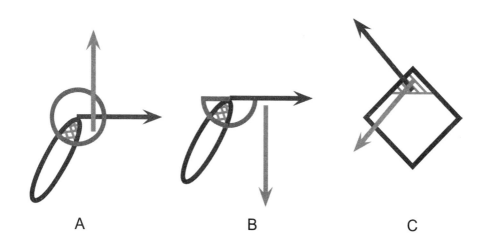

A　　　　　　　B　　　　　　　C

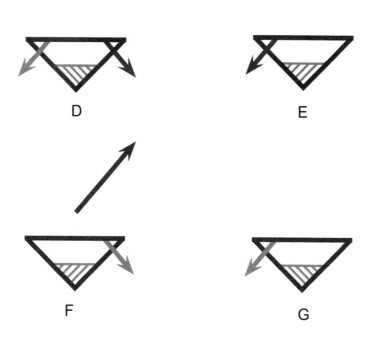

133

结果是 12。你能想出为什么吗?

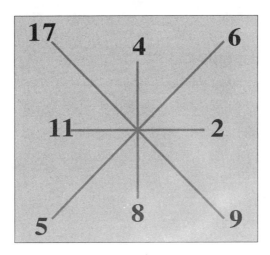

134

从 A, B, C, D, E 中找出符合排列规律的一项。

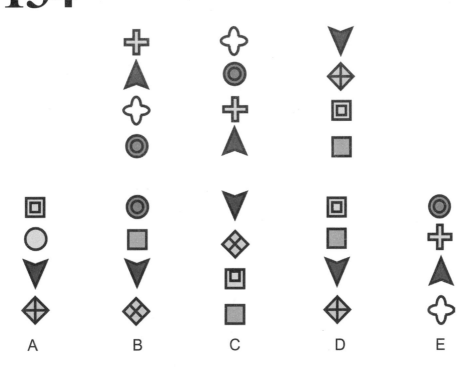

A   B   C   D   E

135

在一次大赛中一对舞伴被拍照8次。

在多少张照片中显示的是他们在改变跳舞姿势呢？

136

B，C，D，E，F哪一张图纸能够折叠成 A 图所示的立方体？

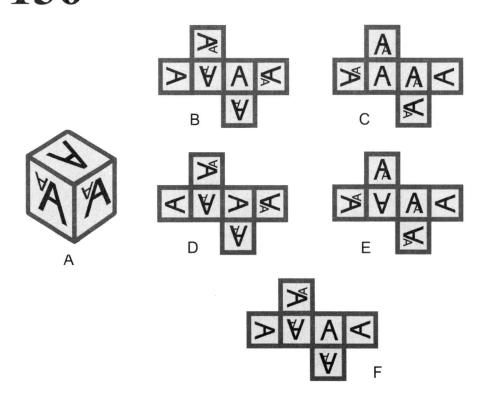

137

仔细看看，哪幅图与众不同呢？

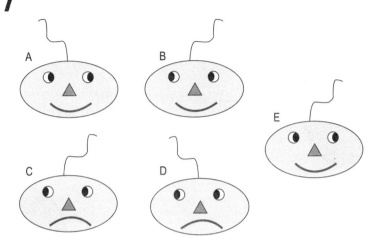

138

你能从 A，B，C，D，E 中找出不符合变化规律的一项吗？

A   B   C   D   E

139

在空格中填入正确的数字，使所有上下、左右方向的运算等式均成立。

	+		=	6
−		×		+
	+	4	=	
=		=		=
3	+		=	

140

要从顶部钟面上的时间到达底部钟面上的时间，如何以所示的 4 个时间段为基准分别顺时针加上或逆时针减去一定的时间段？

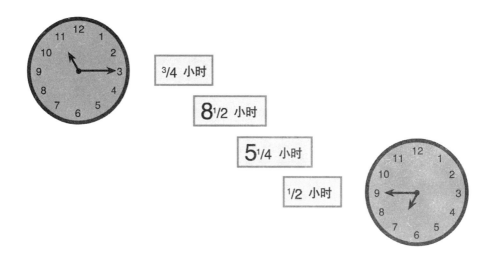

³/4 小时

8¹/2 小时

5¹/4 小时

¹/2 小时

141

猜一猜，6 号的图应该是什么样子的？

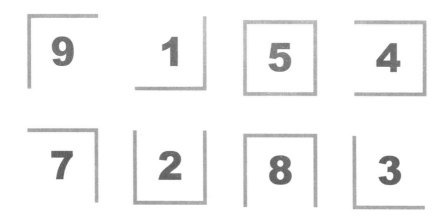

142 你能从 A, B, C, D, E 中找出不符合变化规律的一项吗？

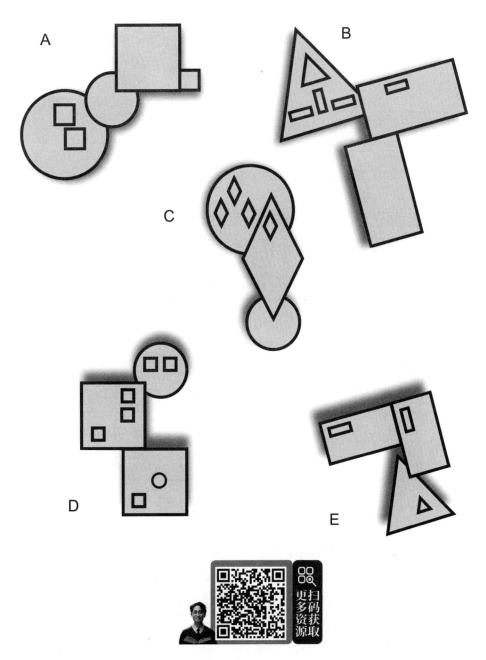

143 哪一个八边形可以继续这个序列？

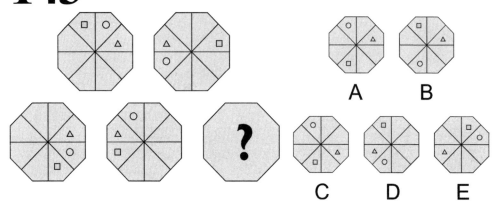

A   B

C   D   E

144 格子中的时钟是按照一定的规律排列的。你能根据其中的规律将空白部分正确地补充完整吗？

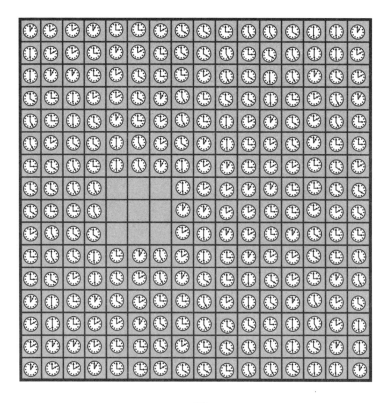

145

根据规律，找出可以使第 3 个天平保持平衡的图形。

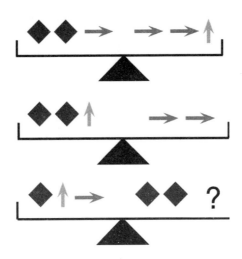

146

格子中的图标是按照一定的规律排列的。你能根据其中的规律将空白部分正确地补充完整吗？

147

下图中只有 2 幅能够恰好拼成 1 个整圆，是哪 2 幅呢？

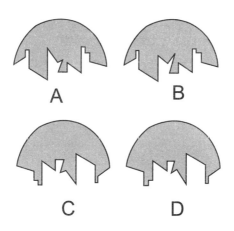

148

如果 A 对应于 B，那么 C 应对应于 D，E，F，G，H 中的哪一个图？

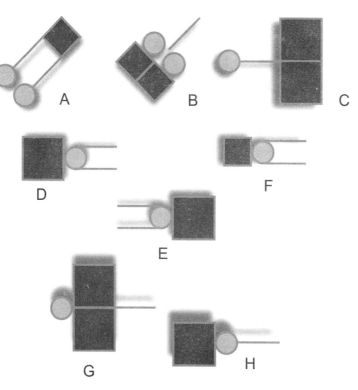

149

三角形中的红点在三角形垂线的中点吗？

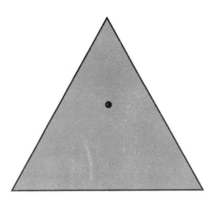

150

格子中的表情是按照一定的规律排列的。你能找出其中的规律并且将空白部分正确地补充完整吗？

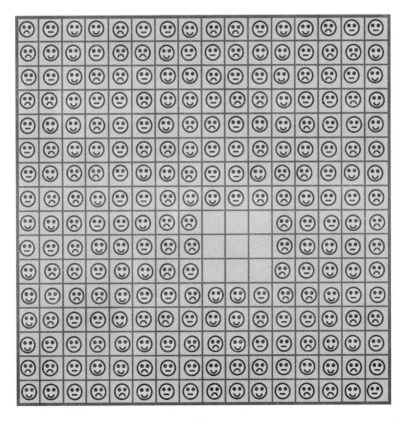

151

图中一共有多少个正方形？

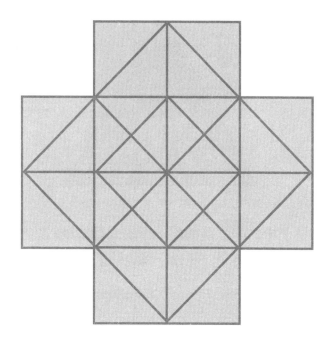

152

你能从下图中找出多少个矩形？

153

这里有 3 组 3 个相交的圆，分别找出每组圆的 3 条弦的交点，再把这些交点连接起来，看看会组成 1 个什么样的多边形？

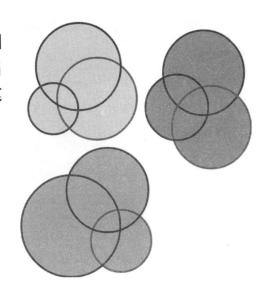

154

你能从以下各图中找出不符合规律的一项吗？

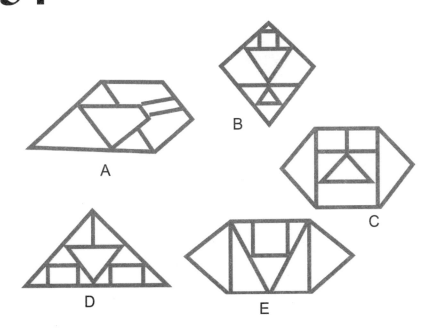

A

B

C

D

E

155 图B，C，D，E，F中哪一个立方体不能由 A 图折叠而成？

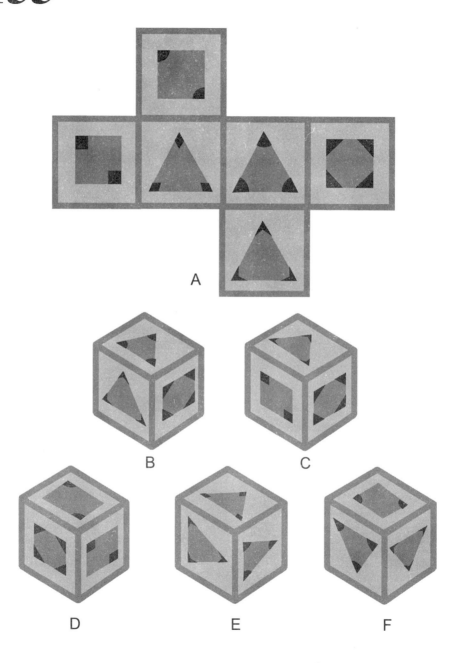

156 最后那块手表应该显示几点？

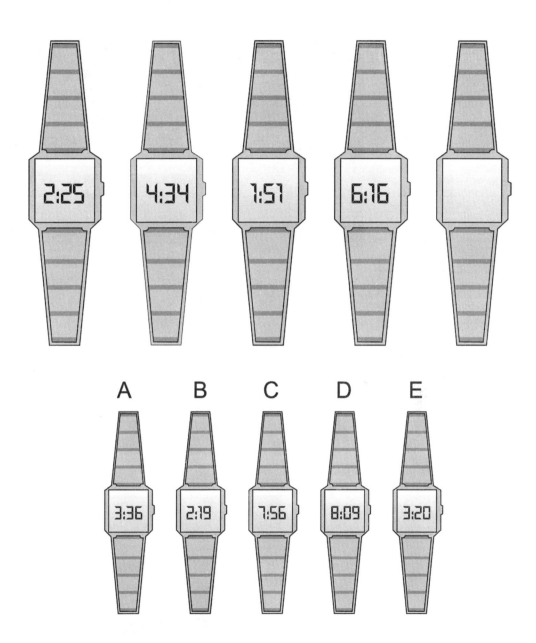

157

如果将各图片正确排列，可以组成一个正方形。但是其中有一片是多余的，你能将它找出来吗？

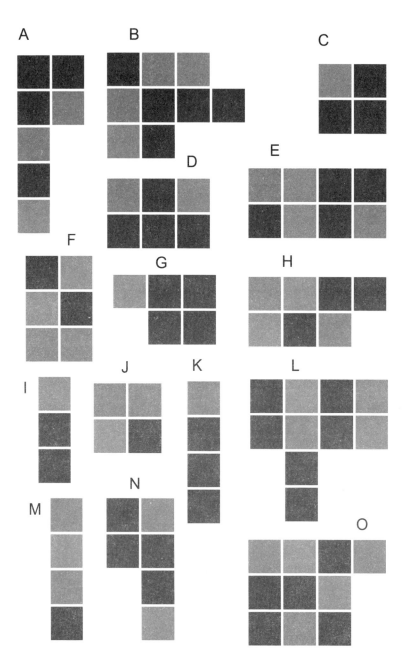

158 算一算，添上什么数字可以完成这道难题？

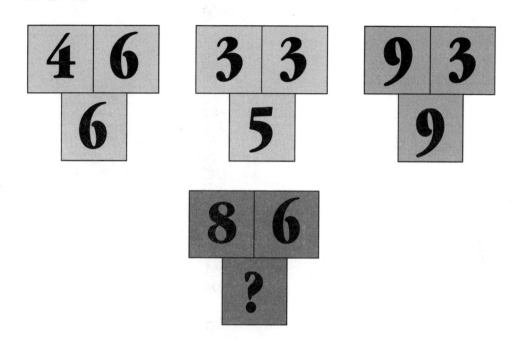

159 图中标注问号的地方应该填上什么数字？

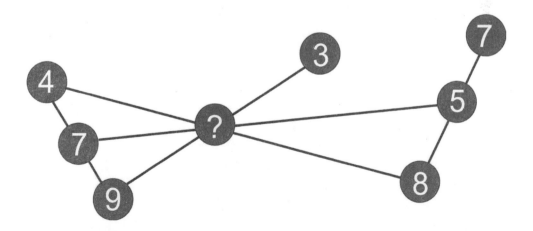

160

如下图的排列顺序，接下来的应该是选项中的哪一项？

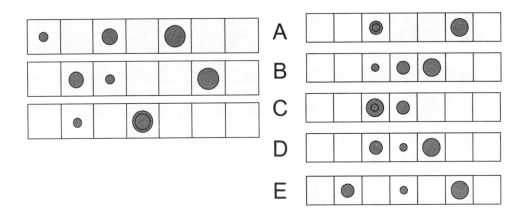

161

格子中的数字是按照一定的规律排列的。当你发现其中的规律时，你就能够将空白部分正确地补充完整了。

2	2	3	1	1	7	1	4	5	5	2	2	3	1	1	7
5	3	1	1	7	1	4	5	5	2	2	3	1	1	7	1
5	2	3	1	1	7	1	4	5	5	2	2	3	1	1	4
4	2	2	2	2	3	1	1	7	1	4	5	5	2	7	5
1	5	2	5	1	4	5	5	2	2	3	1	1	2	1	5
7	5	5	5	7	2	2	3	1	1	7	1	7	3	4	2
1	4	5	4	1	5	3	1	1	7	1	4	1	1	5	2
1	1	4	1	1	5	2	3	1	1	4	5	4	1	5	3
3	7	1	7	3	4	2	2	2	7	5	5	5	7	2	1
2	1	7	1	2	1	5	5	4	1	5	2	5	1	2	1
2	1	1	1	2	7	1	1	3	2	2	2	2	4	3	7
5	3	1	3	5	5	4	1	7	1	1	3	2	5	1	1
5	2	3	2	2	5	5	4	1	7	1	1	3	5	1	4
			2	5	5	4	1	7	1	1	3	2	2	7	5
			4	1	7	1	1	3	2	2	5	5	4	1	5
			3	2	2	5	5	4	1	7	1	1	3	2	2

162 图中标注问号的地方应该填上什么字母？

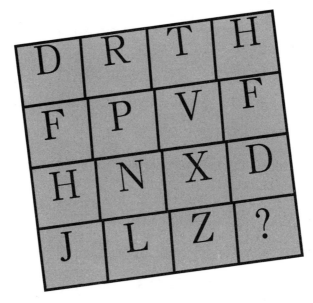

163 从A，B，C，D，E中找出符合图片排列规律的项替代问号。

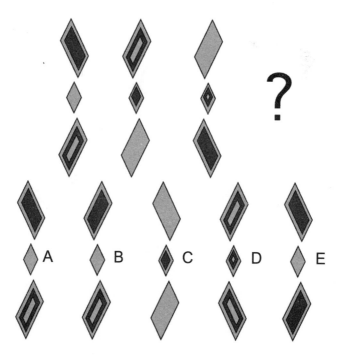

164

图中标注问号的地方应该填上什么数字？

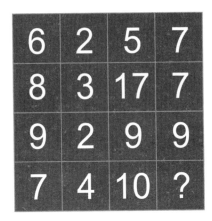

6	2	5	7
8	3	17	7
9	2	9	9
7	4	10	?

A.24　B.30　C.18

D.12 E.26

165

你能推断出问号部分的鱼应该是什么样子吗？

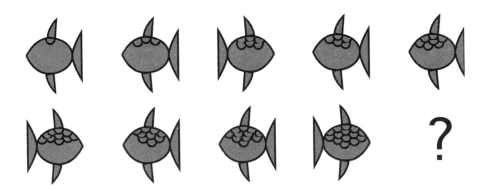

166

将数字 1 ~ 8 填入下图的圆圈内，使游戏板上任何一处相邻的数字都不是连续的？

167

每个箱子的重量如图所示。哪一个箱子的重量不符合排列规律？

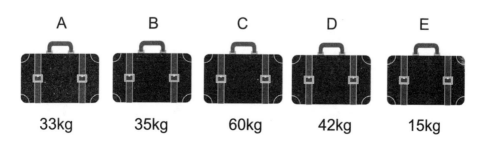

168

在滑动链接谜题中，你需要从纵向或者横向连接相邻的圆点，形成一个独立的没有交叉或分支的环。每个数字代表围绕它的线段的数量，没有标数字的点可以被任意几条线段围绕。

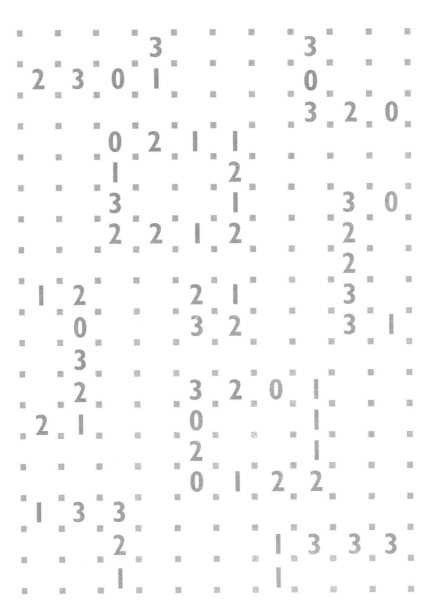

169 你能算出下图中问号部分应当填入的数字吗？

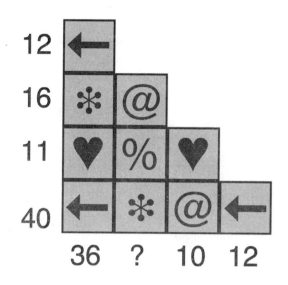

170 你能将数字 1 ~ 12（除去 7 和 11）填入五角星上的 10 个圆圈上，并使任何一条直线上的数字之和等于 24 吗？

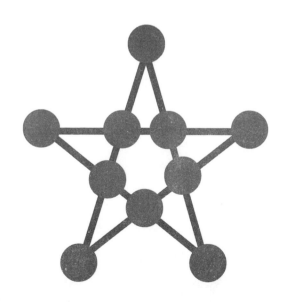

171

6 个选项中哪一个可以完成这个问题?

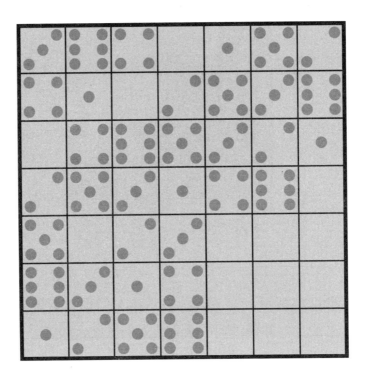

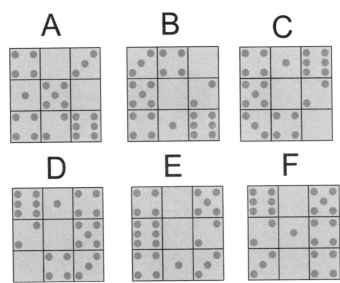

A   B   C

D   E   F

172
你能从 A，B，C，D，E 中找出符合图片排列规律的项吗？

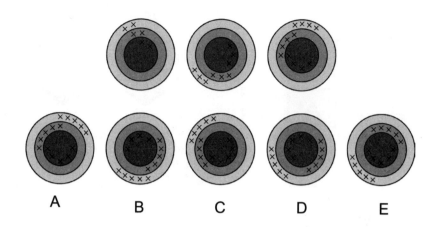

A   B   C   D   E

173
6个灰色的圆点中哪一个是大圆的圆心？

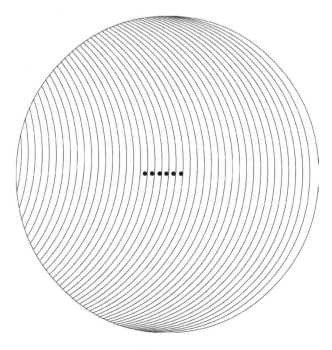

174 哪个选项不能由左图折叠而成？

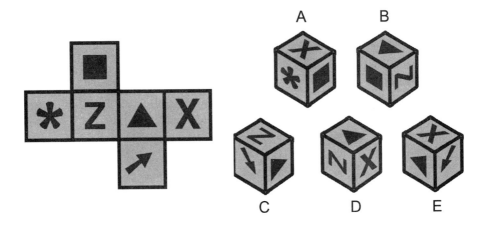

175 A, B, C, D, E, F 选项中, 哪一个可以完成这组序列图？

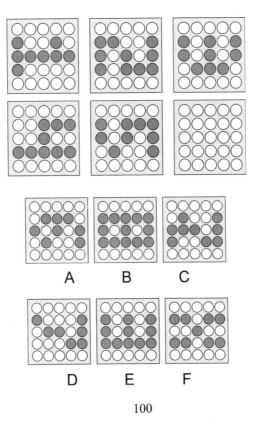

176

5 辆自行车参加比赛。每位自行车手的号码和分别所用的时间之间存在着一定的规律。你能根据规律推算出最后一位自行车手的号码吗？

No.9

用时 1 小时 35 分

No.10

用时 1 小时 43 分

No.11

用时 1 小时 52 分

No.14

用时 2 小时 27 分

No.?

用时 2 小时 33 分

177

你能将数字 1～14 填入右图的七角星圆圈内，使得每条直线上数字之和为 30 吗？

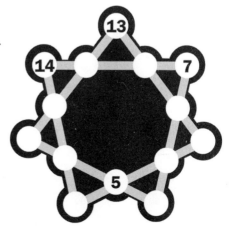

178 问号处应该填入哪一项？

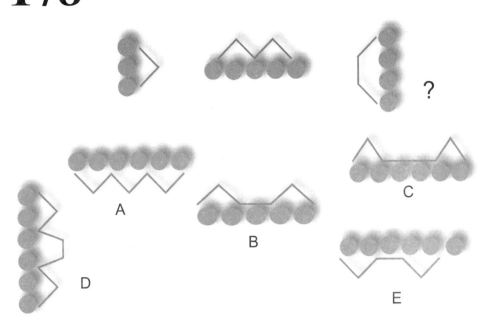

179 猜一猜，问号处多米诺骨牌的点数应为几？

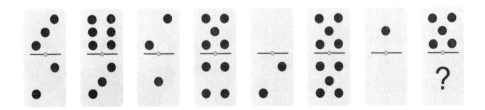

180

图 B，C，D，E，F 中哪个立方体可以由 A 图折叠而成？

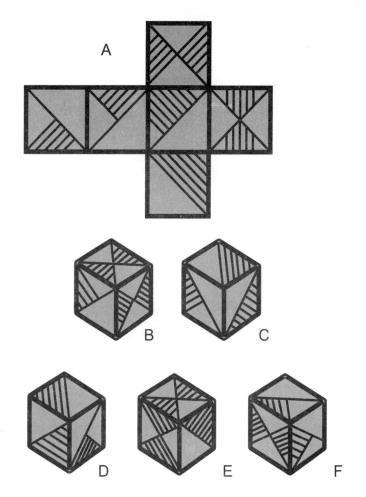

181

填出空格内的数字。

6	0	8	3				4	5	5	5				0	3		1	6		
2	9	7	7	2	2	4	3	2	5	2	4	1	8	2	5	8	9			
1	0	5	3				2	7	2	0				3	9	6	6			

182

如果A对应于B,那么C应对应于D,E,F,G,H中哪一项?

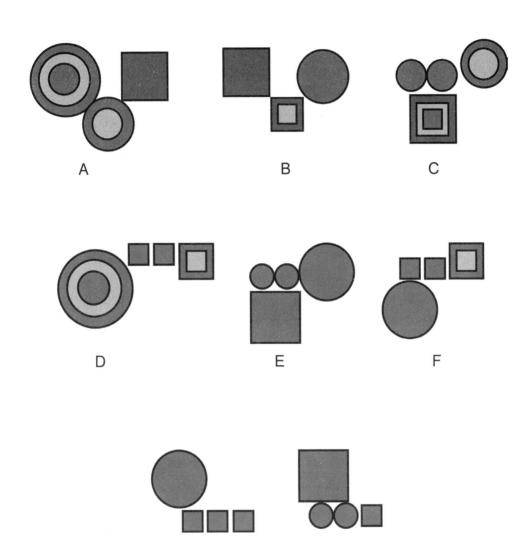

A B C

D E F

G H

183 算一算，问号的地方放几千克的砝码可以使天平平衡？

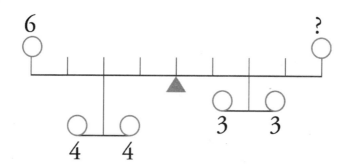

184 你能根据规律推断出接下来的一个图格的造型吗？

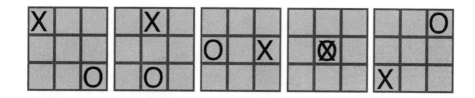

185 你能否将数字 1 ～ 12 填入多边形的 12 个三角形中，使得多边形中的 6 行（由 5 个三角形组成的三角形组）中，每行（每组）的和均为 33 ？

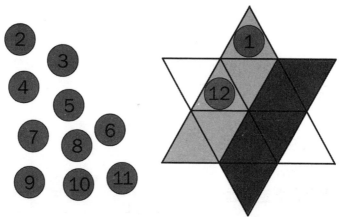

186

你能找出 B，C，D，E，F 哪个选项不能由 A 图折叠而成吗？

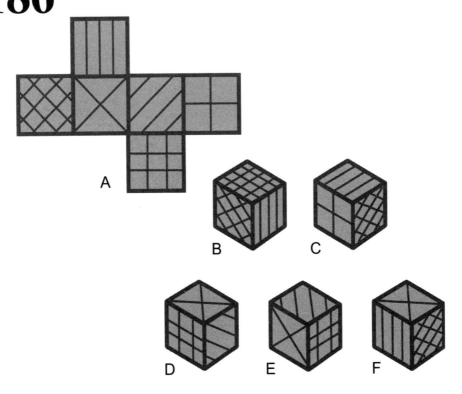

187

"贪婪的书蛀虫"游戏很早就有了，而且非常有意思。书架上有一套智力游戏书，共3册。每册书的封面和封底各厚1/8厘米；不算封面和封底，每册书厚2厘米。现在，假如书虫从第1册的第1页开始沿直线吃，那么，到第3册的最后那页需要走多远？

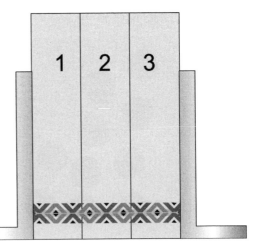

188

每匹马都载有一定的重量障碍，数值如图所示。你能推断出最后一匹马的号码吗？

No.4   No.7   No.3   No.8   No.?

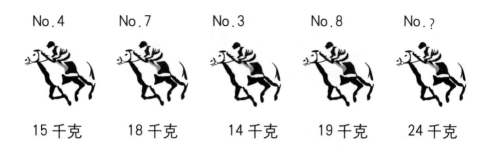

15 千克   18 千克   14 千克   19 千克   24 千克

189

不横过这些道路，你能让企鹅都回到它们自己的家吗？

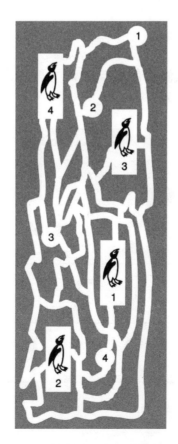

190

你能从 A，B，C，D，E 中找出符合图形排列规律的项吗？

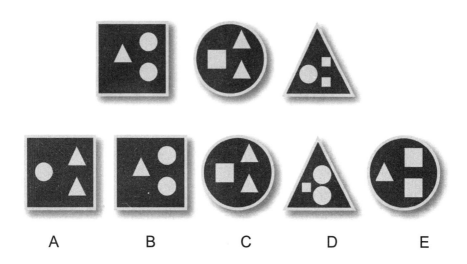

A   B   C   D   E

191

你能填入缺少的数字吗？

192

B、C、D、E、F中哪一项加入一个圆圈就能得到 A 图？

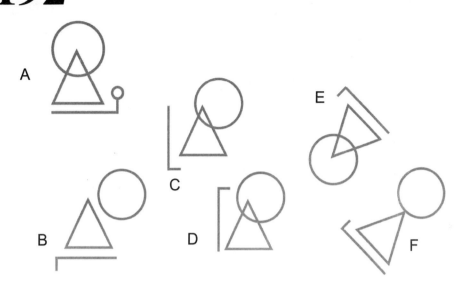

193

选项中哪个拼图能和题目中的 5 个拼图组成完整的 1 套？

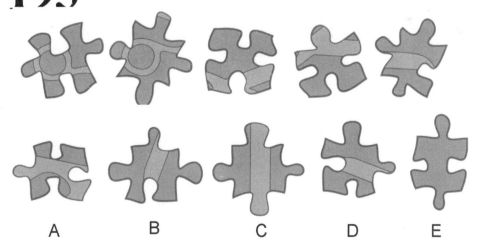

194

所有自行车都参加了全天候自行车赛，发生了一些奇怪的事情，这些自行车的运行开始和终止时间之间存在神奇的数学联系。如果你能发现其中的规律，那么你就能推算出自行车 D 终止运行的时间。

开始于 3:15
终止于 2:06

开始于 5:24
终止于 2:11

开始于 3:20
终止于 1:09

开始于 7:35
终止于 ？

开始于 6:28
终止于 4:22

195

从顶部的数字 2 出发，得出一个算式，使算式最后的得数仍然是 2，不可以连续经过同一排的两个数字或运算符号，也不可以两次经过同一条路线。

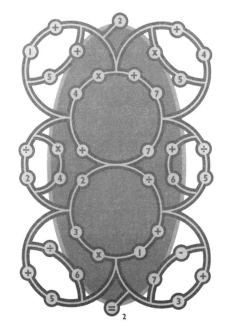

196

你能找出格子中符号的排列规律，并将空缺处正确地补充完整吗？

&	&	%	*	%	@	@	%	*	&	&	%	*	%	@	@
*	@	@	%	*	&	&	%	*	%	@	@	%	*	&	&
%	%	&	&	%	*	%	@	@	%	*	&	&	%	*	%
@	*	*	*	%	@	@	%	*	&	&	%	*	%	%	*
@	%	%	%	@			&	&	%	*	%	@	@	@	%
%	&	@	&	%			&	&	%	*	@	@	@	@	@
*	&	@	&	*			*	&	&	%	@	%	%	@	
%	*	%	*	%	%	@	@	@	%	%	@	%	*	*	%
&	%	*	%	&	*	%	%	*	*	*	@	*	&	&	*
&	@	%	@	&	%	*	%	&	&	%	%	&	&	&	&
*	@	&	@	*	&	&	*	%	@	@	*	&	%	%	&
%	%	&	%	%	@	@	%	*	%	&	&	%	*	*	%
@	*	*	*	%	&	&	*	%	@	%	@	%	*	*	*
@	%	%	@	@	%	*	%	&	&	*	%	@	@	@	%
%	&	&	*	%	@	@	%	*	%	&	&	*	%	@	@
*	%	&	&	*	%	@	@	%	*	%	&	&	*	%	@

197

哎呀！墨迹遮盖了一些数字。此题中，从 1 ～ 9 每个数字各使用了一次。你能重新写出这个加法算式吗？

198

以下哪个立方体可以由左图折叠而成？

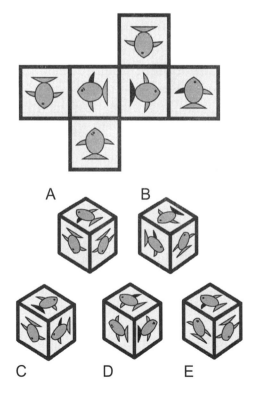

199

只移动3根火柴，将这个图案变成由3个菱形组成的1个立方体。

200

如果A对应于B，那么C应对应于D，E，F，G，H中的哪个图？

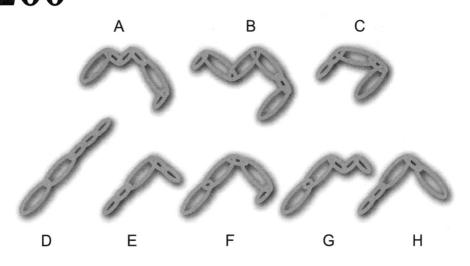

A   B   C

D   E   F   G   H

201

你能找出这个排列方式中所利用的逻辑关系吗？如果你能够找得出，利用同样的逻辑关系确定出问号处应该是哪个字母。

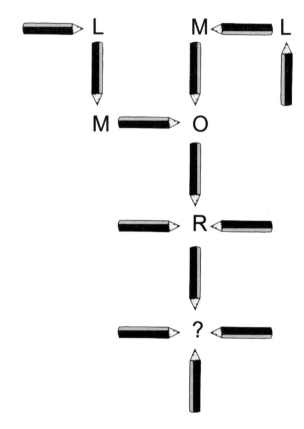

202

你能找出不符合排列规律的图形吗？

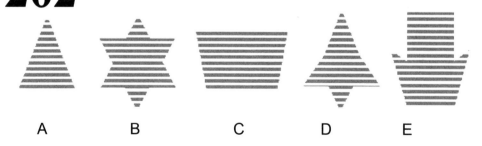

A   B   C   D   E

203

你能找出房顶处所缺的数值为多少吗？门窗上的那些数字只能使用 1 次，并且不能颠倒。

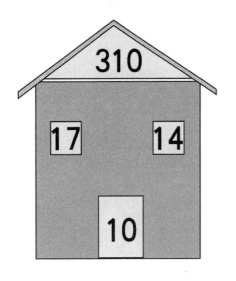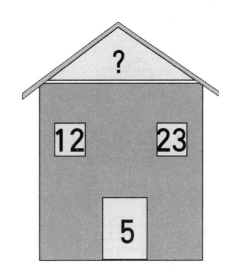

204

你能找出不符合排列规律的图形吗？

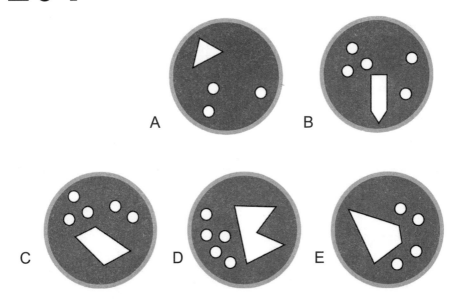

A   B

C   D   E

205

从左上方的数字 7 出发，穿过迷宫并得出一个算式，使算式最后的得数仍然是 7。不可以连续经过同一排的 2 个数字或运算符号，也不可以两次经过同一条路线。

206 下图哪一项是不符合规律的？

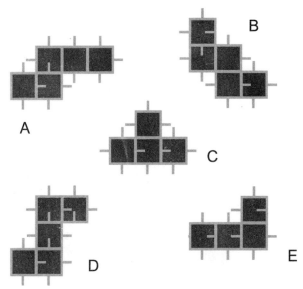

207 如果剪掉正方形角上 1/4 的部分，你能在剩下的部分剪出 4 个大小形状完全相同的图形吗？

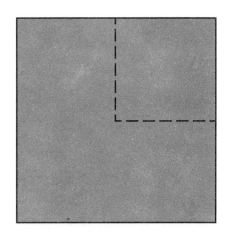

208 你能根据规律推断出接下来的一朵花的造型吗？

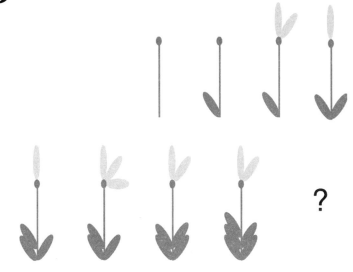

209 你知道问号处应填上什么数字吗。

1. $4 \longrightarrow 13$
    $7 \longrightarrow 22$
    $1 \longrightarrow 4$
    $9 \longrightarrow ?$

2. $6 \longrightarrow 2$
    $13 \longrightarrow 16$
    $17 \longrightarrow 24$
    $8 \longrightarrow ?$

3. $8 \longrightarrow 23$
    $3 \longrightarrow 13$
    $11 \longrightarrow 29$
    $2 \longrightarrow ?$

4. $6 \longrightarrow 10$
    $5 \longrightarrow 8$
    $17 \longrightarrow 32$
    $12 \longrightarrow ?$

5. $18 \longrightarrow 15$
    $20 \longrightarrow 16$
    $8 \longrightarrow 9$
    $14 \longrightarrow ?$

6. $31 \longrightarrow 12$
    $15 \longrightarrow 4$
    $13 \longrightarrow 3$
    $41 \longrightarrow ?$

7. $10 \longrightarrow 12$
    $19 \longrightarrow 30$
    $23 \longrightarrow 38$
    $14 \longrightarrow ?$

8. $9 \longrightarrow 85$
    $6 \longrightarrow 40$
    $13 \longrightarrow 173$
    $4 \longrightarrow ?$

9. $361 \longrightarrow 22$
    $121 \longrightarrow 14$
    $81 \longrightarrow 12$
    $25 \longrightarrow ?$

10. $21 \longrightarrow 436$
    $15 \longrightarrow 220$
    $8 \longrightarrow 59$
    $3 \longrightarrow ?$

11. $5 \longrightarrow 65$
    $2 \longrightarrow 50$
    $14 \longrightarrow 110$
    $8 \longrightarrow ?$

12. $15 \longrightarrow 16$
    $34 \longrightarrow 92$
    $13 \longrightarrow 8$
    $20 \longrightarrow ?$

13. $5 \longrightarrow 38$
    $12 \longrightarrow 80$
    $23 \longrightarrow 146$
    $9 \longrightarrow ?$

14. $7 \longrightarrow 15$
    $16 \longrightarrow 51$
    $4 \longrightarrow 3$
    $21 \longrightarrow ?$

15. $36 \longrightarrow 12$
    $56 \longrightarrow 17$
    $12 \longrightarrow 6$
    $40 \longrightarrow ?$

16. $145 \longrightarrow 26$
    $60 \longrightarrow 9$
    $225 \longrightarrow 42$
    $110 \longrightarrow ?$

17. $25 \longrightarrow 72$
    $31 \longrightarrow 108$
    $16 \longrightarrow 18$
    $19 \longrightarrow ?$

18. $8 \longrightarrow 99$
    $11 \longrightarrow 126$
    $26 \longrightarrow 261$
    $15 \longrightarrow ?$

19. $8 \longrightarrow 100$
    $13 \longrightarrow 225$
    $31 \longrightarrow 1089$
    $17 \longrightarrow ?$

20. $29 \longrightarrow 5$
    $260 \longrightarrow 16$
    $13 \longrightarrow 3$
    $40 \longrightarrow ?$

210

根据规律找出问号部分应当填入的数字。

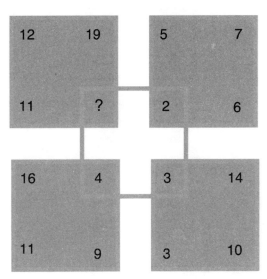

211

这里有一张正方形的纸板，在纸板上偏离中心的位置上有一个洞。通过将这张纸板剪成两半，而且只有两半，并且将这两部分重新拼接，就能把这个洞移到正方形中心的位置上。你知道怎么做吗？

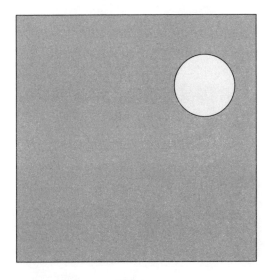

212

你能根据规律找出问号部分应当填入的数字吗？

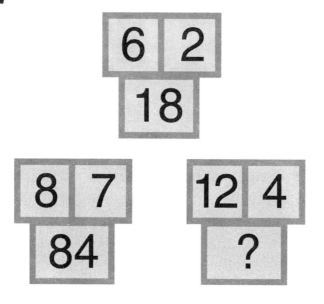

213

你能看出哪个图形与其他的不同吗？

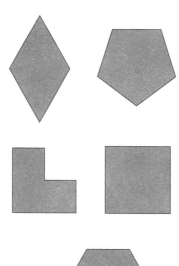

214

以下哪两只蝴蝶是完全相同的？

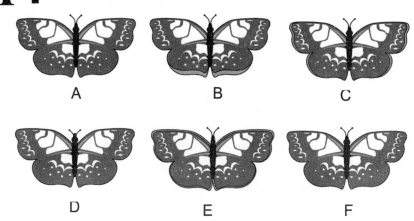

215

如果图1与图2对应，那么图3和哪一幅图对应？

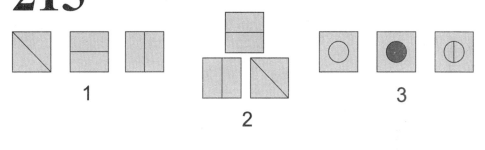

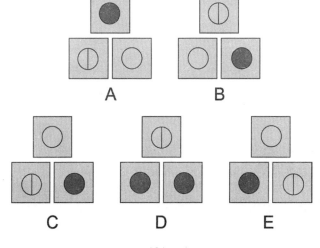

216 格子中的表情是按照一定的规律排列的，你能找出其中的规律并且指出问号部分应当填入的表情吗？

217 从A，B，C，D中找出周长最长的那个图形。

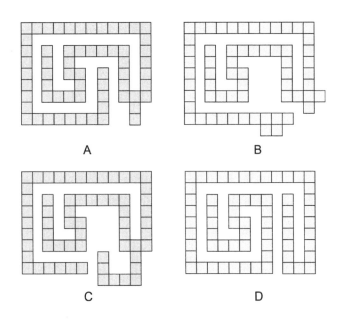

A

B

C

D

218

格子中的数字从右上角逆时针按照 9，4，8，3，7，2 的顺序排列。你能根据规律将缺失部分的数字补充完整吗？

		2	7	3	8	4	9		2	7	3	8	4	9
9	9								2	7	3	8	4	9
4	4	3	8	4	9									
8	8	7				2	7	3	8	4	9			
3	3	2		4	9									
7	7			8	7	3	8	4	9				2	
2	2			3	2								7	
				7	3									
				2	8									2
													4	7
9	9													3
4	8													
8	9					4	8	3	7	2				4
3	9					4	8	3	7	2				9
7	9		4	8	3	7	2							
2	9					4	8	3	7	2				

219

从顶端的入口进入迷宫，然后按顺序走遍从 A 到 F。每走到 1 个字母时，你所经过的数字相加必须正好等于 10（不可以相减）。从离开字母 F 到走出迷宫时，所经过的数字的和也要等于 10。

220 你能找出以下哪一项是不符合排列规律的吗？

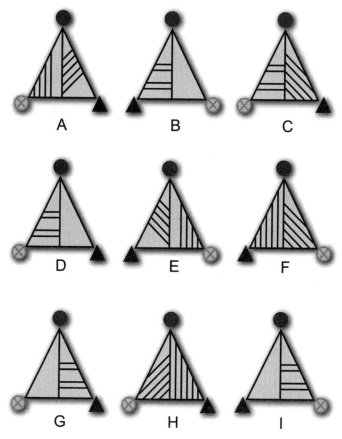

221 在最后那个正方形中，哪一个数字可以替换问号？

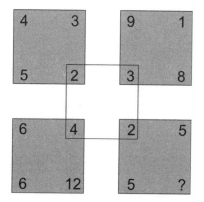

222

你能从 A，B，C，D 中找出符合这些表情排列规律的项吗？

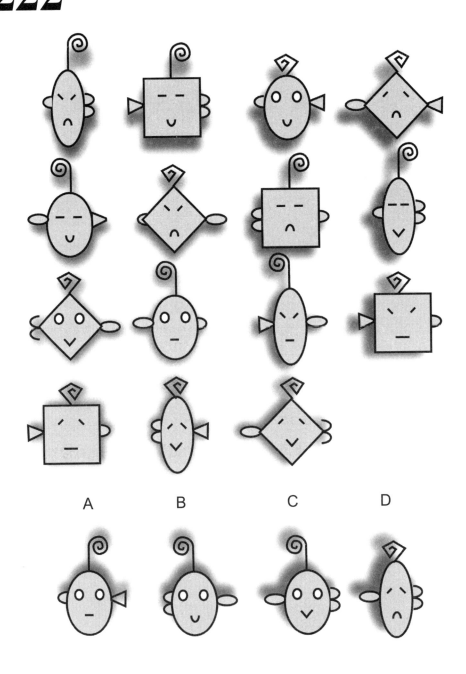

A   B   C   D

223

如果图形 1 对应图形 2，那么图形 3 对应哪一个？

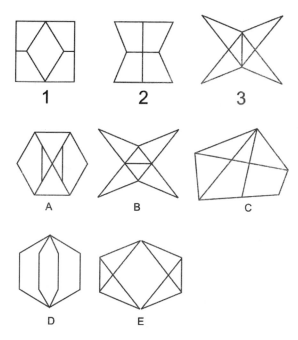

224

你能找出不符合排列规律的项吗？

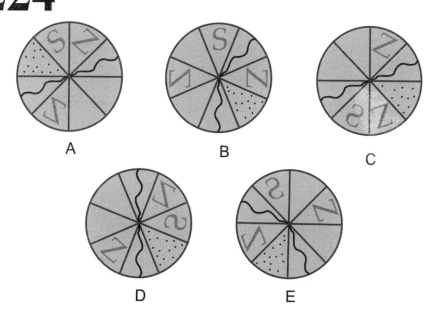

225

将这幅图复印或者临摹下来，沿着虚线折叠，要求数字按正确顺序排列（即1，2，3，4，5，6，7，8），一个压着一个，"1"排最前，"8"排最后。数字朝上、朝下或在纸的下面都可以。

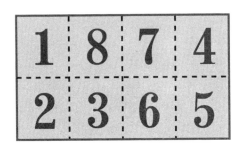

226

你能找出哪两个选项不能由以下图纸折叠而成吗？

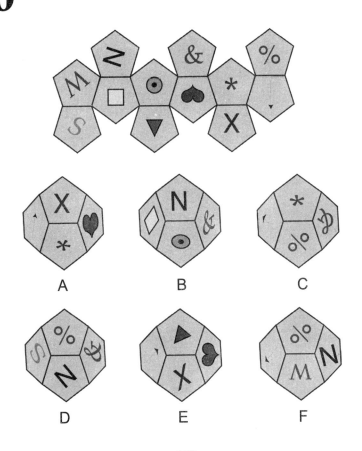

227

一条管道坐落于一段奇特的绳圈的中央。假设从开放的两端拉动这条绳子，那么这条绳子究竟是会和管道彻底分离，还是会和管道连在一起呢？

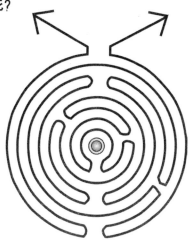

228

仔细观察下面格子中的数字，你会发现有横向、纵向或者斜向的多对数字的和正好为10。你能发现几对这样的数字？

5	3	6	4	4	3	5	7	5	7	9	2	2	5	8	3
9	8	9	6	1	5	8	6	6	8	3	7	6	7	4	4
2	1	5	7	8	3	1	3	5	1	6	6	8	9	8	6
7	6	2	9	1	1	8	3	1	5	1	7	5	3	4	1
8	5	6	6	2	4	4	8	3	8	4	7	1	6	1	8
7	6	2	2	5	2	3	7	4	5	8	5	7	6	3	1
7	9	3	1	8	4	5	4	7	9	4	8	5	6	3	
3	6	8	8	9	4	3	8	2	5	7	2	1	8	3	5
5	6	9	6	5	3	4	7	4	7	4	2	6	6	5	5
1	6	3	4	5	6	4	1	2	4	9	3	2	4	7	
5	8	9	7	1	8	3	6	9	3	6	3	5	4	9	4
8	4	5	6	7	1	5	1	8	5	3	1	2	5	2	7
7	2	2	9	2	2	4	7	4	9	4	1	8	6	7	8
2	4	3	9	5	6	7	8	5	8	3	2	7	5	6	1
5	9	4	3	4	2	6	1	7	3	4	9	2	6	9	1
3	2	5	8	1	3	2	5	3	8	3	5	3	1	2	7

229

用 3 条直线将这个正方形分成 5 部分，使得每部分所包含的总值都等于 60。

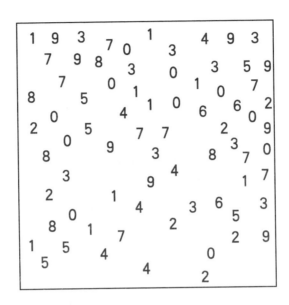

230

根据规律将空白处补充完整。

231

在3×3的小钉板上连成四边形，至少有16种连法，你能画出来吗？

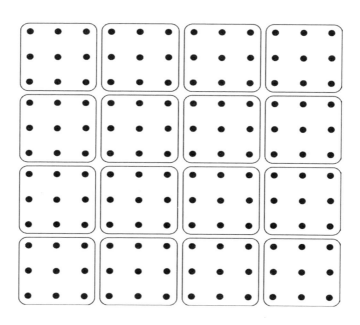

232

你能找出下图中的数字排列规律，并指出问号部分应当填入什么数字吗，

233

在这些图形中，找一找哪一个与其他的不同？

234

你能推断出格子中问号部分应当呈现出什么样的图形吗？

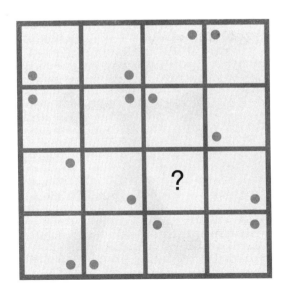

235

请问下图中有多少个正方形？

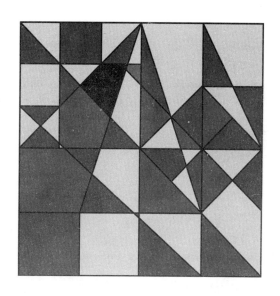

236

找一找，哪个图形不同于其他的图形？

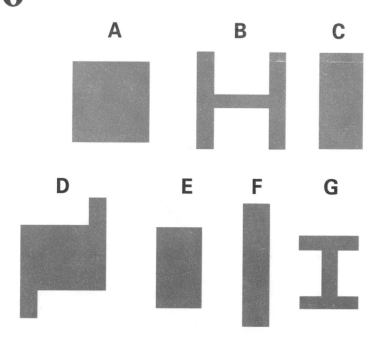

A　　　B　　　C

D　　E　　F　　G

237

你能找出图形的排列规律并且指出问号部分应当填入的图形吗？

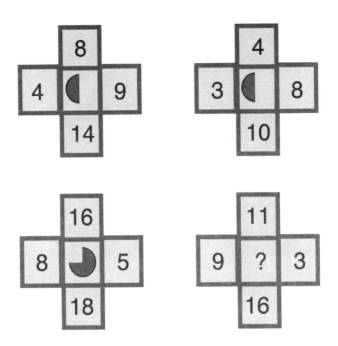

238

第 3 个圆中缺少什么数字，你能算出来吗？

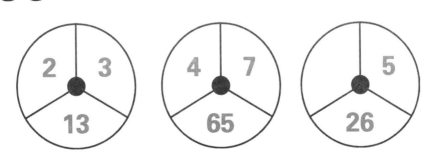

239 你能从 A，B，C，D 中找出符合图形排列规律的项吗？

A   B   C   D

240

将8枚硬币按图中所示摆放。你能只变更1枚硬币的位置，使得每个方向上的每一排都有5枚硬币吗？

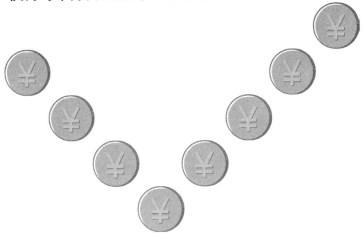

241

格子中的数字按照3, 1, 4, 1, 5, 8, 2, 7的顺序排列，为了增加其复杂性，有些数字在原来的基础上被增加了1。如果你能找出这些被增加了1的数字，你能发现它们能组成一个字母。这个字母是什么呢？

1	1	5	2	1	8	4	3
1	4	4	1	8	3	5	1
1	4	2	2	5	6	7	1
1	4	2	3	3	1	1	2
1	4	2	3	7	7	3	4
4	4	2	4	8	2	2	7
3	1	2	3	7	2	8	8
8	7	4	3	7	2	8	5
1	5	3	7	7	2	8	5
5	3	2	8	2	2	8	5
2	1	7	4	5	8	8	5
7	8	4	2	1	1	5	5

242 你能沿着这些线条把这个矩阵分成4个部分，每部分里都必须包含1个三角形和1个五角星吗？每部分的形状和尺寸都必须相同，但三角形和五角星的位置可以不同。

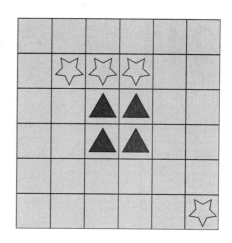

243 格子中的图形是按照一定的规律排列的，你能找出其中的规律并且将缺失部分补充完整吗？

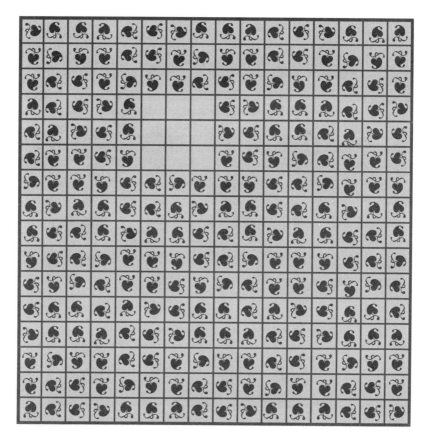

244

问号处的数字应是多少?

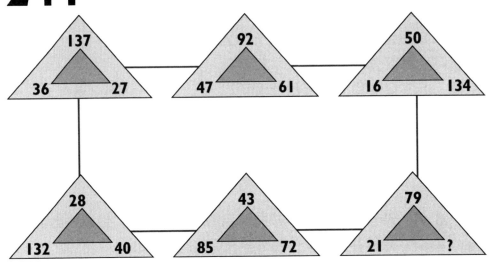

245

根据规律推断出问号部分应当填入的图形。

246 这6幅图中分别有多少个三角形?

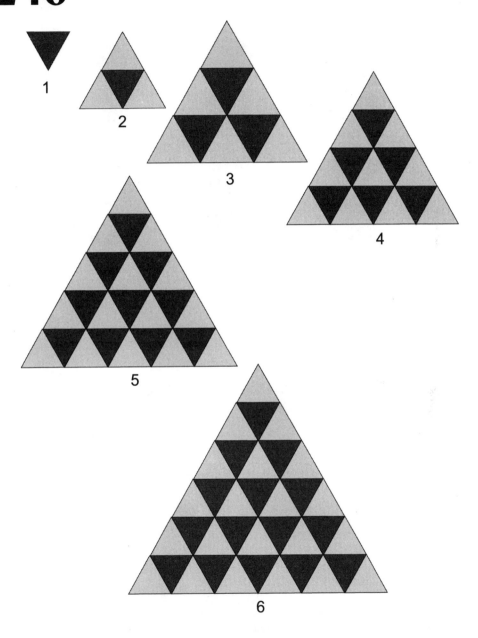

247

如果 A 对应于 B，那么 C 应对应于 D，E，F，G 哪个选项？

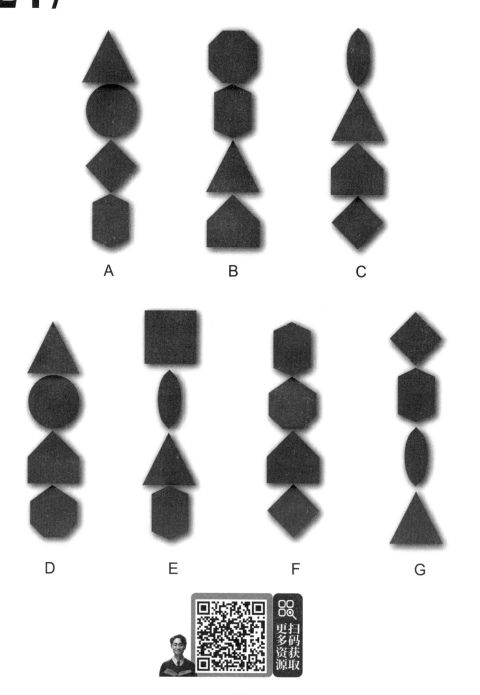

248 问号所在位置应该填入什么数字?

38276 ： 47185

23514 ： 14623

76385 ： 85476

28467 ： **?**

249 你能找出规律并推断出"7"下面的问号部分应当填入什么数字吗？

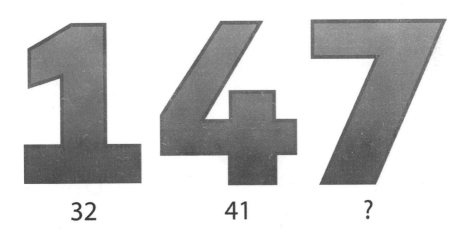

32　　　　　41　　　　　?

250

A，B，C，D选项中，哪个可以完成这道谜题？

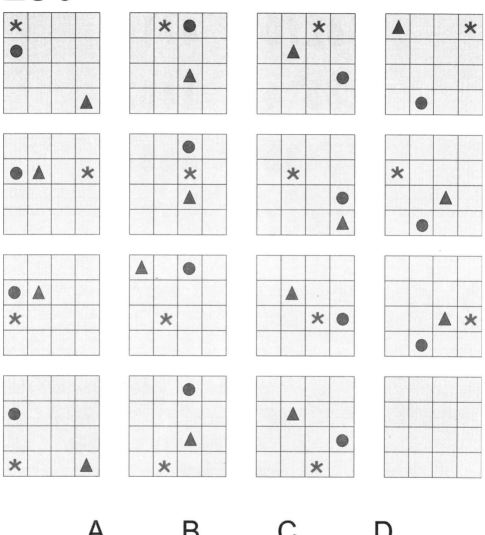

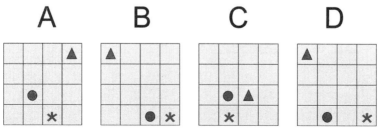

251

你能找出哪个图形不符合整体的排列规律吗？

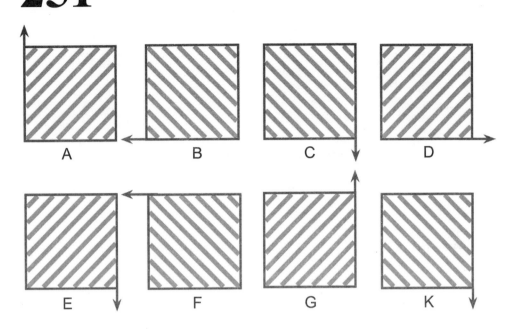

252

如果按照正确顺序排列，以下瓷砖可以组成 1 个方形，横向第 1 排的数字等同于纵向第 1 列的数字，依此类推。你能成功地组合吗？

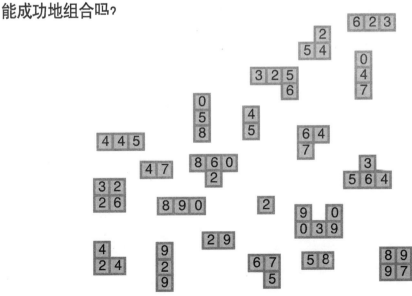

253

如果 A 对应于 B，那么 C 对应于 D，E，F，G 中哪个选项？

254

动动脑筋，什么数字可以替代问号？

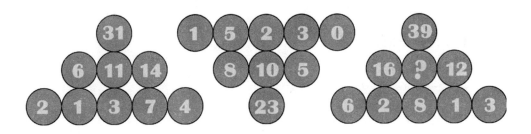

255

根据规律找出问号部分应当填入的数字。

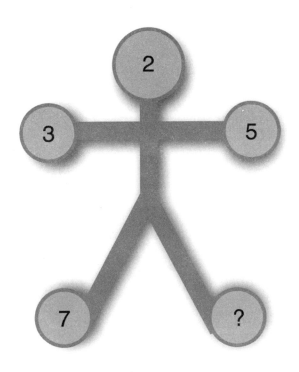

256

从中央的数字"4"开始，按你喜欢的方向走4步，横走、竖走或对角走。到达1个标有数字的方框后，再次按照你喜欢的方向，根据方框内数字所指示的步数走。通过这种方式，你可以找到走出迷宫的路。但是，最后1次移动时，你只能走1步离开迷宫。你的任务就是找到只移动3次就可以走出迷宫的捷径。

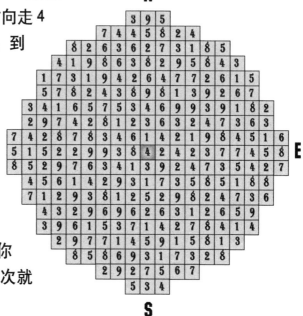

257

热气球E的正确时间是哪一项？

A
13 小时 18 分

B
28 小时 35 分

C
16 小时 21 分

D
7 小时 19 分

E
a) 13 小时 29 分
b) 12 小时 35 分
c) 7 小时 12 分
d) 12 小时 7 分

258

想一想，最后应该填上什么数字，可以承接这组序列？

259

你能找出不符合规律的项吗？

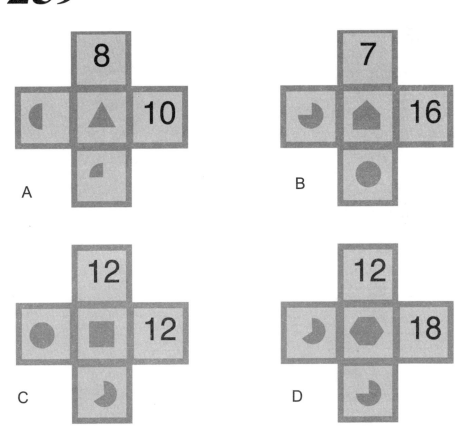

260

一共有 19 个不同大小的瓢虫，其中 17 个已经被分别放入了下面的图形中，每个瓢虫均在不同的空间里。

现在要求你改变一下图形的摆放方式，使整个图中多出两个空间，从而能够把 19 个瓢虫全部都放进去，并且每个瓢虫都在不同的空间里。

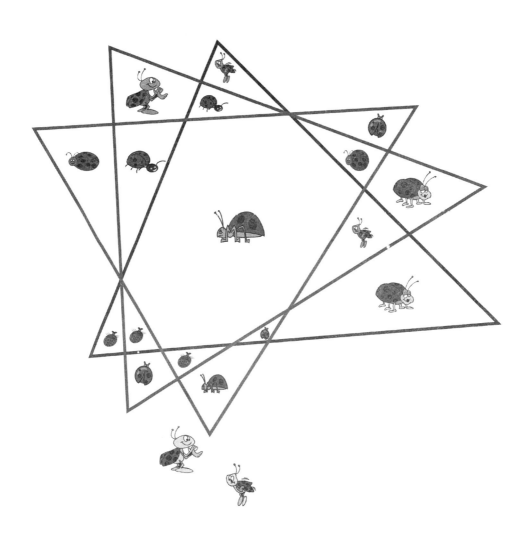

261

A, B, C, D 中哪一项符合这些图形的排列规律？

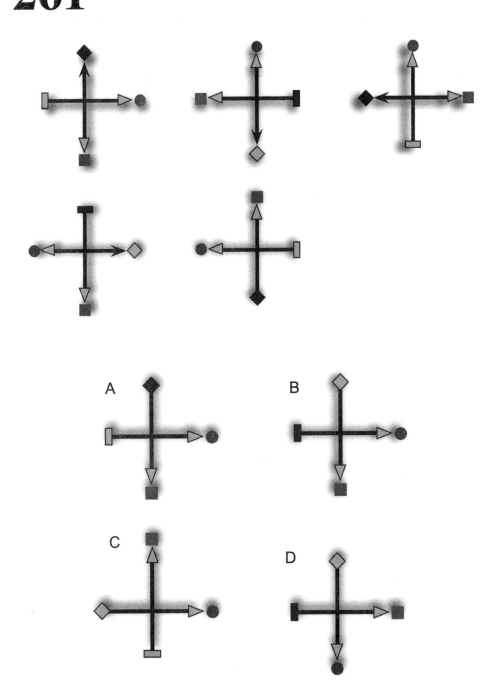

262 如你所见，由火柴拼出的每行内容都是个错误的等式。现在你所面临的挑战就是在每行里只挪动 1 根火柴，使得原来错误的等式变成正确的。

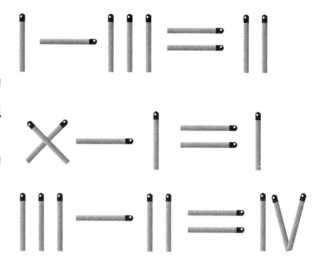

263 A，B，C，D，E，F 哪个选项可以完成这个序列？

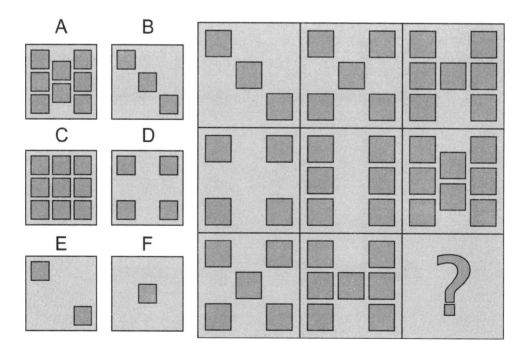

264

准备 7 张纸条，写下数字 1 ～ 7，按照如图所示排列。现在，将其中的 6 张每张剪一下，重新排列时，还是 7 行 7 列，且每行、每列和每条对角线上的数字总和为同一个数。很难哦！

1	2	3	4	5	6	7
1	2	3	4	5	6	7
1	2	3	4	5	6	7
1	2	3	4	5	6	7
1	2	3	4	5	6	7
1	2	3	4	5	6	7
1	2	3	4	5	6	7

265

要解除这个爆炸装置，你得按照正确的顺序依次按键，直到按下"按键"这个键。键上注有 U 的表示向上，D 表示向下，L 表示向左，R 表示向右。而每次该走几步键上也都作了指示。注意每个键只能按 1 次。请问首先应该按哪个键？

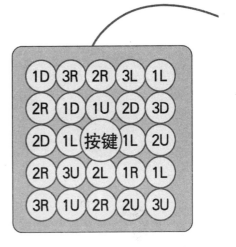

266

哪一项是不符合排列规律的？

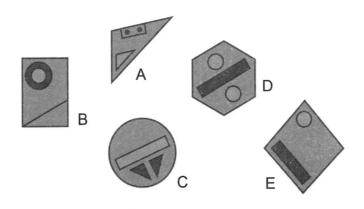

267

只利用 6 条直线，将下边的 16 个点全部连接起来。

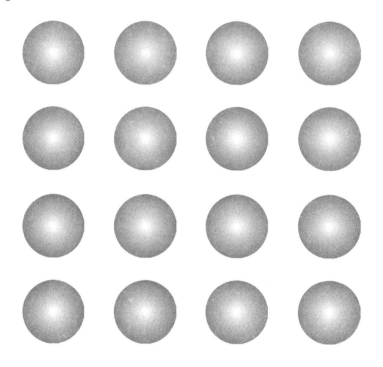

268

拿出 9 根火柴或者牙签，搭成 3 个三角形。移动其中的 3 根以形成 5 个三角形。

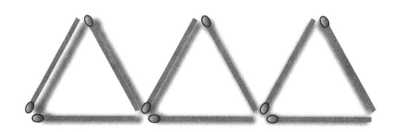

269

如果这两只狗向着相反的方向拉这根绳子，绳子将会被拉直。

问拉直后的绳子上面有没有结，如果有的话，有几个？

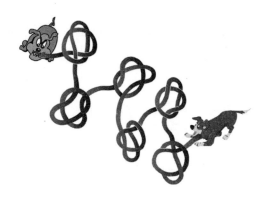

270

观察以下几个奇怪的钟表。找出相互之间的规律，从而推断出第 5 个钟面上应当显示什么时间。

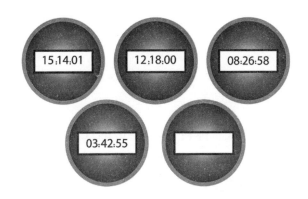

271

要把这块巧克力分成 64 块相同的部分，你最少需要切几次？

注意：你可以把已经切好的部分放在没有切的巧克力上面。

272 你能推断出标有"X"的一面是什么样子的吗？

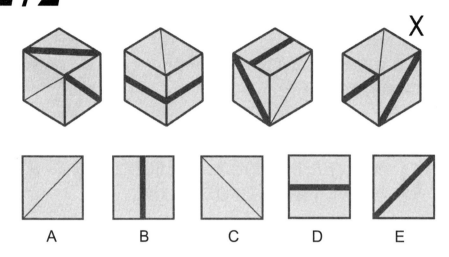

A   B   C   D   E

273

要解除这个爆炸装置，你必须按正确的顺序按键，一直按到"按键"这个钮。

每个键你只能按1次，标着"U"字母的代表向上，"D"代表向下，"L"表示向左，"R"表示向右。键上所标明的数字是你需要迈的步数。

请问你第1个按的应该是哪个键？

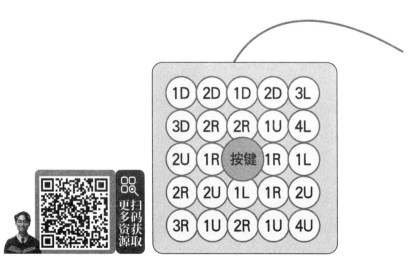

274

B, C, D, E, F 中哪一个立方体可以由 A 图折叠而成？

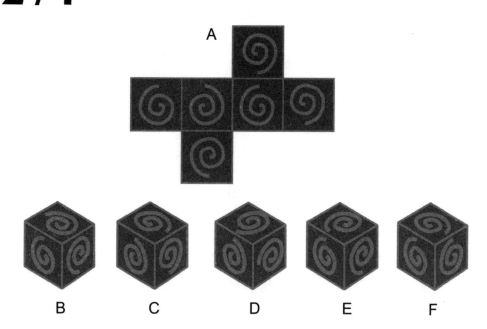

275

有 7 个好朋友住在 7 个不同的地方（以圆点为标志）。他们准备聚在一起喝咖啡，为了最大限度地减少各自的行走路程，他们应该在哪个地方见面呢？

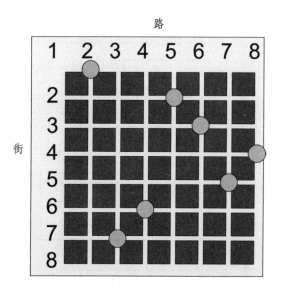

276 哪一项不符合排列规律？

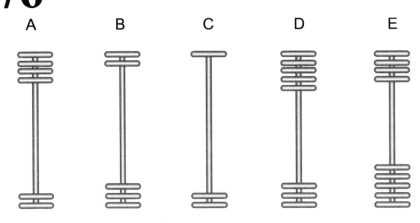

277 不要使用指示物，只用眼睛看，标有数字的路线中，哪一条能够到达标有字母的目的地？

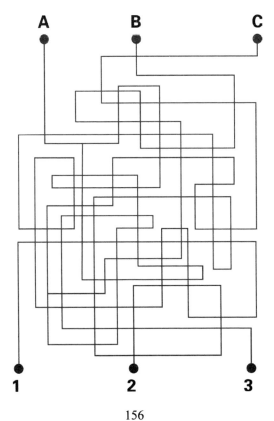

278

右边这个盒子里应放入多重的物品才能保持平衡？注意：衡量所划分的部分是相等的，每个盒子的重量是从盒子下方的中点开始计算的。

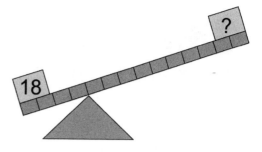

279

如果A对应于B，那么C对应于D，E，F，G，H中哪个选项？

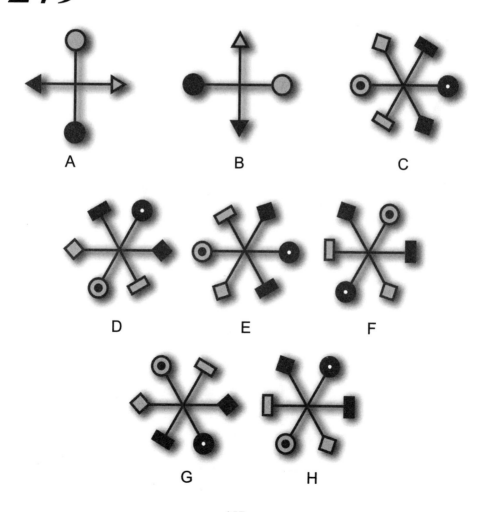

280 最开始的时候，9升罐是满的，5，4和2升罐都是空的。游戏目的是将红酒平均分成3份（这将使最小的罐留空）。

　　因为这些罐都没有标明计量刻度，倒酒只能以如下方式进行：使1个罐完全留空或者完全注满。如果我们将红酒从1个罐倒入2个较小的罐中，或者从2个罐倒入第3个罐，这两种方式的每种都算做2次倒酒。

　　达到目的的最少倒酒次数是多少？

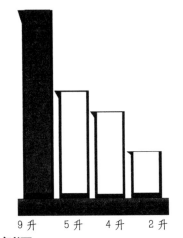

9升　　5升　　4升　　2升

281 A，B，C，D，E中哪一项符合第1行图形接下来的排列规律？

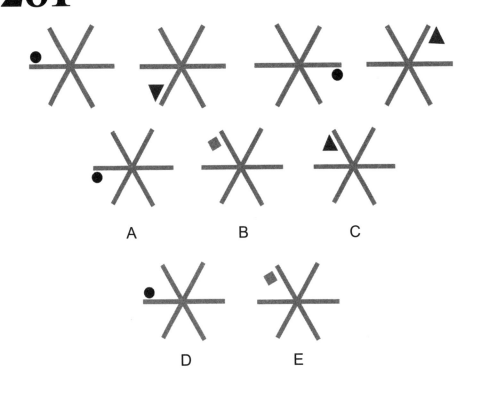

答 案
Answer

001

那个生气的面具在第 2 行右边倒数第 2 个。

人的感知系统总是能够很容易察觉异常的事物，而完全不需要系统的查找。这个原理被用于飞机、汽车等系统里，从而使它们的显示器能够随时随地地探测出任何异常的变化。

002

D。其他图形都有 3 个阴影部分，D 中只有 2 个。

003

4。图内数字代表叠加在一起的四边形的个数。

004

A。按行计算，如果你把左右两边的图形添加在一起，就得到中间的图形。

005

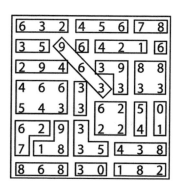

006

40。每个色子都有 21 个点。我们能看见 23 个点，所以还有 63－23＝40 个点是看不见的。

007

F。F 中各个图标都刚好是 C 中各个图标直线对称图。

008

B。

009

E。图中没有曲线。

010

E。其他色子都可以用上方的那张图纸折出来。

011

G。在火柴人上加上 2 条线，拿走 1 条；加上 3 条线，拿走 2 条；加上 4 条线，拿走 3 条。

012

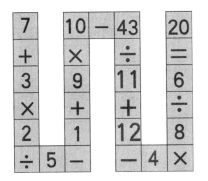

013

4。在每个图形中，左边 2 个数字的和除以右边 2 个数字的和，就得到中间的数字。

014

顺序为 2+，3 −，2÷，3x。从

左上角开始，顺时针向内走。缺失部分如图所示。

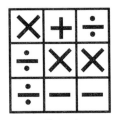

015

U。从左边开始，沿着这条曲线向右进行，这些字母按照字母表顺序排列，每次前移 1 位、2 位、3 位，以此顺序重复进行。

016

D 和 L。

017

8，1。如果你把每行数字都当作是 3 个独立的两位数，中间的两位数等于左右两边两位数的平均值。

018

39。勾 =6，星 =9，叉 =3，圈 =24。

019

9。它是唯一一个里面图形的边数比外面图形边数多的图例。

020

E 和 O。

021

下列答案中 n 指前一个数：

1.   122   (n+3) ×2

2. 132 (n−7) × 3

3. 19 2n−3

022

68。方形 =7，X=11，Z=3，心形 =17。

023

? ? ? ? 7 ? ? ?
1 3 5 7 9 11 13
最重的西瓜是 13 千克。

024

```
C W C O A L M K W O E A C K L G O Z A N
L H E M I N G W A Y N E I Y L M O X A E
L E E C M O X K W A X F E X A N B K O S
C F A K K E N Z A C I Y L A E B L F P B
A Y E L H M Z N O E X I A I F H R K L U
M O Q V T X A T E U I W E H T F O O G M O
A T K V L A V C H A E M N O L E U A B C
F S I A T A M Q L S O I C K E N S S T A
A L S T V E M W M N O E I A C H T A C T
F O O X W A B E A L L E I T A W W A C G
G T O X A E A K F A K I L A A S T A W N
O N F E L F M G O Z X A Y N A E B E C W L
E N O L F M G O Z X A Y N A E B E C W L
R V O L F I G A E Z I U I E J C C K T P
E W U V E C U O P T E G B P N H T S E I
C S E W X H L H J A L E C K L T U Z K
U A T A E E C K U W P Q R A R A E P A Z
A U S T E N X A T A Q W A L E T A W V E
H A P E X E A B C B A C A E W W E X L E
C C W A O R W E I L D K M N O P P E L T U
```

025

E。每行每列长方形都包含 6 个红点和 5 个黄点。

026

B。方框内图形的边应当每次增加一边。如此推算，则 B 项中的图形应当有两条边才能符合规律。

027

17。这一环中应该填的数字，遵循质数表的顺序。

028

D。

029

030

1 朵云。图案代表的数值分别为：
云 =3，伞 =2，月亮 =4。

031

这个问题把你难住了吗？许多人认为答案是 1.5 千克，实际上应该是 2 千克。

032

C。该项火柴人的组成部分数量为奇数，其余都为偶数。

033

从右上角开始，顺时针向内。规

律为：2个勾、1个心、2个脸、1个勾、2个心、1个脸，依此类推。缺失部分如图所示。

034

11。在图中按纵列进行计算，把上面的数字加上4，就得到中间的数字。把中间的数字加上6，就是下面的数字。

035

上半个：÷，×；下半个：×，×。

036

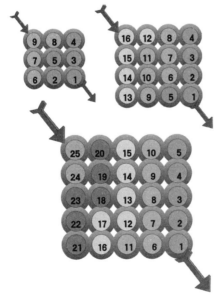

037

33。星=8，勾=12，叉=13，圈=5。

038

B。从左向右进行，把每块表上的数字加上1，再把这些数字的最前一位移至最后一位。

039

E和1。

040

041

A。在脸上增加一个新的元素，再增加一根头发和一个新的元素，然后增加一根头发，然后再增加一根头发和一个新的元素，按照这个规律重复下去。

042

事实上，由1～9当中的3个数字组成和为15的可能组合有8种。

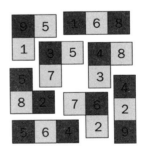

043

5个太阳。数值分别为：月亮=2，云=3，太阳=4。

044

B。每个小方框里的箭头每次逆时针旋转90°。

045

C和K。

046

9。其余项都可以在方块中找到投影。

047

23。方形 =9，叉 =5，Z=6，心 =7。

048

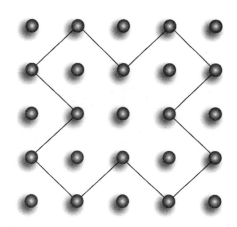

049

2。表情代表的是数字，根据其内部含有的或者周边增加的元素而计（不包括头本身）。将顶部代表的数字与右下角代表的数字相乘，除以左下角代表的数字，便得到中间的数字。

050

22	21	13	5	46	38	30
31	23	15	14	6	47	39
40	32	24	16	8	7	48
49	41	33	25	17	9	1
2	43	42	34	26	18	10
11	3	44	36	35	27	19
20	12	4	45	37	29	28

051

I和K。

052

28	4	3	31	35	10
36	18	21	24	11	1
7	23	12	17	22	30
8	13	26	19	16	29
5	20	15	14	25	32
27	33	34	6	2	9

053

40。星 =7，勾 =8，叉 =14，圈 =11。

054

空格中的箭头应该朝西。排列的顺序是：西、南、东、北。在第1列，此顺序由上而下排列；第2列，由下而上排列；第 3 列，再次由上而下排列，往后依此类推。

055

G。内部各图都进行了 180° 旋转。

056

C。数字排列的规则是：每行第 1 个和第 2 个数字之积构成该行最后 2 个数字；第 3 个和第 4 个数字之积构成该行第 6 个和第 7 个数字；第 6 个和第 7 个数字构成的两位数与第 8 个和第 9 个数字构成的两位数的差等于该行第 5 个数字。

057

K 和 0。

058

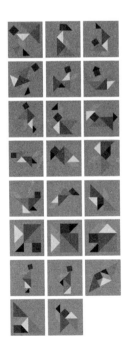

059

3。这里有 4 个面，其中的数字显示的是所叠加在一起的面的数量。

060

28。
$(9 + 8) \times 1 = 17$
$(5 + 6) \times 3 = 33$
$(6 + 7) \times 4 = 52$
$(3 + 11) \times 2 = 28$

061

B。从第 1 列左上角开始，由上往下，接第 2 列由下往上，接第 3 列由上往下，依此类推，规律为：4 个笑脸，1 个悲脸，3 个平嘴，2 个带头发的脸。

062

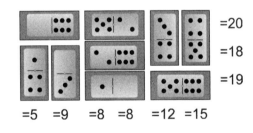

063

B 和 H。

064

065

E。将图形顺时针旋转 90°。

066

067

A 和 L。

068

8。在每个图形中，中间的数字等于上面 2 个数字的乘积减去下面 2 个数字的乘积。

069

从第 1 列左上角开始，由上往下，接第 2 列由下往上，接第 3 列由上往下，依此类推，规律

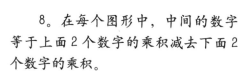

为：2 个心，1 个勾，2 个圈叉，1 个不等号，1 个心，2 个勾，1 个圈，2 个不等号。缺失部分如图所示。

070

1，7，8 和 9。

071

B，F 和 N。

072

B。其他时刻都可在数字表的表面上显示出来。

073

4 个月亮。太阳 =9，月亮 =5，云 =3。

074

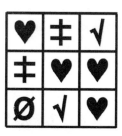

075

2 个太阳和 1 个月亮。太阳 =6，月亮 =7，云 =9。

076

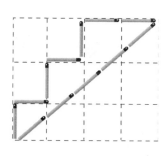

077

四边形。因为它是唯一闭合的

图形。

078

8—10—7—3—2—11—5—4—13—1—6—9—12

079

从左上角开始，按照"Z"字形行进。顺序为：3个星，2个圆形，2个方形，3个加号，2个星，3个圆形，

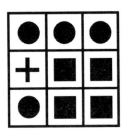

3个方形，2个加号。缺失部分如图所示。

080

该图由一系列同心圆组成。

081

082

083

1个箭头。椭圆=1，箭头=2，菱形=3。

084

同心圆。

085

35。星=6，勾=3，叉=17，圈=12。

086

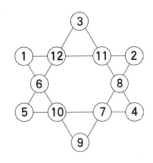

087

C。在其他各组图中，最大的图形与最小的图形相同。

088

B。只要把在周围4个圈中同一个位置出现3次的点移动到中间的圈里即可。

089

C。最小部分顺时针旋转90°。中间部分保持不动，最大部分逆时针旋转90°。

090

2	8	9	7	5	1	6	4	3
6	5	1	4	9	3	8	2	7
7	3	4	8	2	6	1	9	5
9	4	5	6	3	8	2	7	1
1	2	6	5	7	9	4	3	8
3	7	8	2	1	4	5	6	9
8	1	7	9	6	2	3	5	4
4	9	2	3	8	5	7	1	6
5	6	3	1	4	7	9	8	2

091

B。在该项中，没有形成一个三角形。

092

10。每列数字之和均为23。

093

B。在其他图组中，较小的圈在较大的圈中。

094

图像的边缘都是直的。

095

E。最大的图形垂直反向放置，且缩为最小；最小的图形变成最大的，方向不变。

096

C。从左上角开始，按照顺时针方向以螺旋形向中心进行，7个不同的符号每次按照相同的顺序重复。

097

H。

098

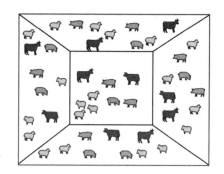

099

A。规律为：2个朝上的拱形，4个朝右拱形，3个朝下拱形，2个朝左拱形。从左上角开始，垂直向下，再转到下一列，然后垂直向上，依此类推。

100

8。这组数列的偶数位遵循这样的公式，把前面的数字乘以2，然后再加1，就等于后面的数字，依此类推。

101

B。规律为：减1点，加2点；每增加或减少1点，盒子按照逆时针方向旋转90°。

102

7。将每个三角形角上的数字加起来，乘以2，并将最终结果放入三角形中间。

103

E 和 M。

104

黑桃 3。把图形垂直分成两半，在每半部分中，以蛇形和梯子形进行，以左上角的牌为起点向右移动，然后下移 1 行向左移动，最后移到右边。左半部分牌的数值以 3 和 4 为单位交替增加，右半部分牌的数值以 4 和 5 为单位交替增加。下面让我们再来计算花色吧，仍然以蛇形和梯子形进行，从整个图形的左上角开始向下移动，然后右移 1 格从下向上进行，依此类推。这些牌的花色按这样的顺序排列，从红桃开始，然后是梅花、方片和黑桃。

105

R。每个字母代表其在字母表中的序列数，乘以 2 所得的积填入相对的三角形中。

I（9）×2=18（R）。

106

如果将卡片颠倒过来，你就可以看到杯子两边各有一个侧面像。

107

D 是错误的，因为其中最小的圈被叠加在 3 个面上，而其他图组中的圈皆仅被叠加在 2 个面上。

108

F。曲线部分变成直线，直线部分变成曲线。

109

选项 G 是其他音符的镜像，其他所有的音符都可以通过旋转另外的音符而得到。

110

C 是唯一一个没有横向阶梯线的图形。

111

1009315742。表格第 1 行红色方格前面的黄色方格个数对应数列的第 1 个数，第 2 行红色方格后面的黄色方格个数对应数列的第 2 个数；第 3 行要计算红色方格前面黄色方格的数量；第 4 行则要计算红色方格后面黄色方格的数量，往后依此类推。

112

把中间水平方向上的火柴向右移动自身长度的 1/2，把左下角的火柴移动到右上角。

113

C。只有 C 图加上一条直线后，可以构成一个三角形，该三角形与一个矩形相连接，该矩形与原橘黄色矩形相重叠，与例图的各项条件相仿。

114

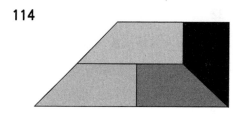

115

B。横向进行计算，把左边和右边的表格上下颠倒，再把表中的图形加在一起，就是中间的图形。

116

E。按照相似的比例和位置，正方形变成圆圈，圆圈变成三角形，三角形变成正方形。

117

4。按行计算，从中间一行开始，把左右两边的数字相加，结果填在中间的位置上。上下两行也按同样方法进行，但是把所得的和填在对面的中间位置上。

118

顺序为：Z—R—T—T—U—W—W—Z—Z—S。从右下角开始，按"Z"字形行进。缺失部分如图所示。

119

C。每个五边形里的图形是由它下面的 2 个五边形里的图形叠加而成的，而当 2 个五边形里有相同的符号时，这一符号将被去掉。

120

B。只有此图中的横向和纵向线条数量相等。

121

E。

122

H。

123

3 个圆弧看起来弯曲度差别很大，实际上它们是一样的，只是下面2 个比上面那个短一些。

124

G。顶部和底部的元素互换位置，中心较小的元素变得更小，在外的 2 个元素都转移到中心较大元素的内部。

125

15。其他数字都是质数。

126

84。将 A 的小时数乘以 B 的分钟

数，得到 C 的吨数；然后将 B 的小时数乘以 C 的分钟数，得到 D 的吨数；C 的小时数乘以 D 的分钟数，得到 E 的吨数；D 的小时数乘以 E 的分钟数，得到 A 的吨数；E 的小时数乘以 A 的分钟数，得到 B 的吨数。

127

5 和 9。4×4 ＝ 16，6×8 ＝ 48，5×9 ＝ 45，将 3 个结果相加，就等于 109。

128

C。

129

1:00。分针朝前走 20 分，时针朝后走 1 个小时。

130

线条加减规律为：+1，+2，+3，−2，−1。而具有偶数条线（头部不计）的火柴人则上下倒置。

131

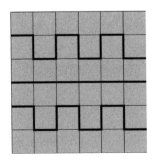

132

E。该图形被沿着一条水平线折叠，阴影部分将一块非阴影部分遮盖住了。

133

$(17+6+5+9)-(11+2+4+8)=12$

134

D。第 1 个图形中上下两组元素发生替换便得到第 2 个图形。

135

只有在两张照片中这对舞伴是变换了姿势的（也就是说，成镜像），其他照片中显示的都是他们在旋转。

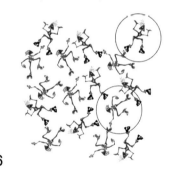

136

E。

137

B。其他图都是向左看的皱眉，向右看的微笑。

138

D。其他各图都是对称的。

139

4	+	2	=	6
−		×		+
1	+	4	=	5
=		=		=
3	+	8	=	11

140

向后，向后，向前，向后。

141

142

C。该项中有一种图形的数量为奇数。

143

B。正方形按照顺时针方向每步移动 2 个部分，圆圈按照逆时针方向每步移动 3 个部分，同时，三角形在 2 个相对应的部分交替移动。

144

规律为：1:00, 2:00, 2:00, 1:00, 3:00, 3:00, 2:00, 4:00, 4:00, 3:00, 5:00, 5:00, 4:00, 6:00, 6:00。从左下角开始，按照"N"字形行进。补充部分如图所示。

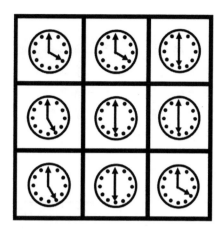

145

放入 1 个四边形。4 个四边形 =3 个向右箭头 =6 个向上箭头。

146

排列顺序为：

从左下角开始按照顺时针方向向内旋转。补充部分如左图所示。

147

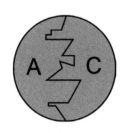

148

D。圆圈变成方形，线条变成圆圈，方形变成线条，保持原来的大小和位置。

149

看起来红点位于三角形垂线的上半部分，其实它恰好位于三角形垂线的正中间。这是倒 T 字错觉的一种变化。在倒 T 字错觉中，竖直线看起来比等长的水平线长。

150

从左下角开始，表情的排列规律为：笑脸，笑脸，平嘴，撇嘴，撇嘴，笑脸，平嘴，平嘴，撇嘴。补充部分如图所示。

151

27 个。

152

23 个。

153

每 3 个圆的 3 条公共弦有 1 个交点，一共有 3 个这样的交点，这 3 点连成线组成 1 个三角形。

154

B 由 14 条直线组成，其余皆由 13 条直线组成。

155

F。

156

A。在每块手表中，有两个显示时间的数字是相同的。

157

B。

158

11。分别求出上面 2 个数字的平均值，第 1 个平均值加 1，就是第 1 个图形下面的数字；第 2 个图形加 2，第 3 个加 3，下面的图形加 4。

159

8。每一条直线上的 3 个圆中的数字之和为 20。

160

D。图中小圆圈的运动规律是先往右移 2 格，再往左移 1 格；中等圆圈的运动规律是先往左移 1 格，再往右移 2 格；大圆圈的运动规律是先往右移 1 格，再往左移 2 格。

161

排列规律为：7, 1, 1, 3, 2, 2, 5, 5, 4, 1。从右上角开始，逆时针向内旋转行进。补充部分如图所示。

4	2	2
1	5	5
7	1	1

162

字母B。字母按照字母表的顺序排列，但中间跳过了1个字母。顺序是从左上角方框开始往下，然后从第2列的底部往上，再从第3列的顶部往下，最后从第4列的底部往上。

163

A。相应位置的图形增加一个相同造型的菱形，直至菱形数达到3个后又回复到1个。

164

C。每行第1格的数字 × 第2格的数字 − 第3格的数字 = 第4格的数字。

$(6 \times 2) - 5 = 7$

$(8 \times 3) - 17 = 7$

$(9 \times 2) - 9 = 9$

$(7 \times 4) - 10 = 18$

165

排列规律为：加2

个鳞片，加3个鳞片，减1个鳞片。鳞片数量为偶数的鱼头朝右。

166

167

B。其他各个数字的个位和十位上数字之和皆为6。

168

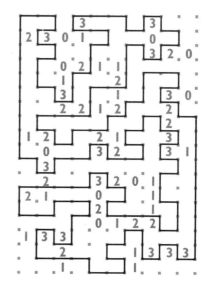

169

21。箭头 =12，雪花 =9，红桃 =3，% =5，@ =7。

170

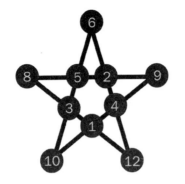

171

D。每个多米诺骨牌数字（包括空白）在每行、每列中出现1次。

172

A。每个圈比前一例相应的圈内多一个叉，中间一个圈内的首尾两个叉与另两个圈内的首叉或尾叉位于同一直线上。

173

从左数第4个点是该大圆的圆心。

174

D。

175

A。从左边进行观察，表格中显示了1～6这6个数字。

176

15。将时间折合成分钟数，再除以10，小数点后的忽略不计。

177

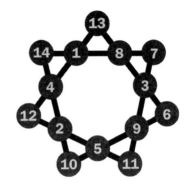

178

E。加上两个圆圈和两条线条，去掉一个圆圈和一条线条，重复以上过程。每次还需要逆时针旋转90°。

179

6。从左边开始向右移动，把每两个多米诺骨牌作为一组。每组牌中两张牌上圆点数量的差依次是4，6，8，10。

180

D。

181

425。计算的规则是：由顶部数字颠倒排列顺序后组成的四位数减去由中间数字组成的四位数，所得结果再被由底部数字组成的四位数减去，这时所得的结果就是3个方格内的数字。

182

F。圆圈和正方形相应的变成正方形和圆圈。其中最大的元素失去所有的内部元素。

183

7千克。

左边	右边
6千克×4 = 24	7千克×4 = 28
8千克×2 = 16	6千克×2 = 12
40	40

184

图标交替按照1步和2步的进度移动。

185

这个问题可不单。一共有12！（12阶乘 =1×2×3×

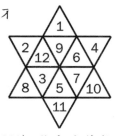

…×11×12=479001600）种方法将数字1～12填入六角形上的三角形中。这里给出其中一种解法：

186

B。

187

书蛀虫一共走了2.5厘米。书蛀虫如果从第1册第1页开始向右侧的第3册推进，那么就先要从第1册的封面开始破坏；之后是第2册的封底，接着是2厘米的书，然后是第2册的封面，最后是第3册的封底。期间，一共经过2个封面、2个封底以及1册书的厚度，即享用了2.5厘米的美味。

188

No.2。用重量的个位上的数字减去十位上的数字，得出的差即为号码。

189

190

B。每变动一次，正方形变成圆圈，三角形变成正方形，圆圈变成三角形。

191

168。每个方框里的数字都是它正下方2个方框中数字的乘积。

192

E。只有E项才是三角形与圆圈相交叠，并且有一条右端折转的线与三角形的一边相平行，加上一个圆圈后能够得到原图的效果。

193

D。

194

3:13。A 的开始时间减去终止时间等于 B 的终止时间。B 的开始时间减去终止时间等于 C 的终止时间，依此类推。

195

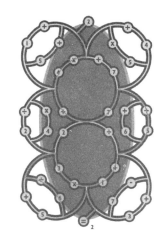

196

排列规律为：@，@，%，*，%，&，&，*，%。从右上角开始，逆时针向内旋转。补充部分如图所示。

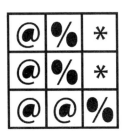

197

$$289 + 764 \over 1053$$

198

B。

199

200

F。小的和大的元素分别变成大的和小的元素。

201

V。这种排列是根据字母表中字母的顺序而排定的。"拐弯之处"的字母是由指向字母的铅笔数引出的。

看一下字母 L（哪个都可以）。字母 L 前进到了字母 M。但是，字母 M 却并没有前进到字母 N，这是因为有两支指向 O 的铅笔，于是字母 M 就跳了 2 步，前进到字母 O。运用同样的原理，字母 O 前进了 3 步到了字母 R，字母 R 则前进了 4 步到了字母 V。

202

B。只有 B 项拥有奇数条水平线。

203

175。计算的规则是：（左窗户处的数值＋右窗户处的数值）×门上的数值。

204

C。小圆圈的数量等于多边形的边数，只有C中圆圈的数量比边数大1。

205

206

B。B是唯一在同一行或列中没有3个盒子的项。

207

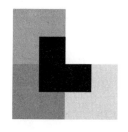

208

加上1片叶子，加上2个花瓣，减少1个花瓣并增加1片叶子。以此类推。

209

1. 28　（×3）+1
2. 6　（−5）×2
3. 11　（×2）+7
4. 22　（×2）−2
5. 13　（÷2）+6
6. 17　（−7）÷2
7. 20　（−4）×2
8. 20　原数的平方 +4
9. 8　将原数开方 +3
10. 4　原数的平方 −5
11. 80　（+8）×5
12. 36　（−11）×4
13. 62　（×6）+8
14. 71　（×4）−13
15. 13　（÷4）+3
16. 19　（÷5）−3
17. 36　（−13）×6
18. 162　（+3）×9
19. 361　+2，再平方
20. 6　−4，再开方

210

7。将正方形外侧的3个数字相加，得到和A。将A个位和十位上的数字相加，得到B。A除以B得到的商放入中心的小正方形中。

211

沿 L 形的方向剪下正方形的一部分，然后将其向对角翻转，令有洞的部分居于纸张中心。

212

72。左上角的数字除以 2，右上角的数字乘以 3。将得到的商和积相乘，得到的积放入底部正方形中。

213

五边形的边数为奇数，其他图形都有偶数条边。

214

A 和 F。

215

A。把中间的正方形移到金字塔顶部。剩下的两个仍然留在底部，但要互换位置。

216

规律为：

从右下角开始逆时针向内行进。问号处表情如图所示。

217

D。哪个图形中彼此接触的面最少，那它的周长就最长。

218

		2
9		7
4	8	3

219

220

C。其他项如果左右颠倒，都可以找到相应的项，只有 C 例外。

221

2。在每个正方形中，外面三个角上的数字之和除以中间角上的数字，所得结果都是6。

222

B。每列中每张脸的头发、耳朵、眼睛、嘴巴和脸型都不相同。

223

E。如图所示，图形A和图形B交换了位置。

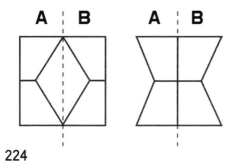

224

C。当通过镜面成像时，A和D，B和E是成对的。

225

转动纸张，空白面朝上，数字"2"在左上角。然后把右边向左折，这样数字"5"靠着数字"2"。现在，将下半部往上折，结果数字"4"靠着数字"5"。接下来将"4"和"5"向内折，位于数字"6"和"3"之间。最后，把数字"1"和"2"折到小数字堆上，到此一切结束。

226

D和E。

227

绳子将与管道脱离。

228

一共有43对。

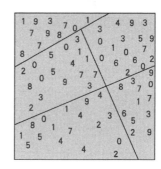

229

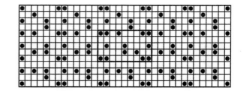

230

231

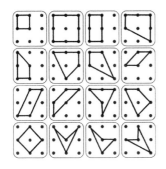

232

20。左手 × 右手 ÷ 腰 = 头。左脚 × 右脚 ÷ 腰 = 头。

233

E。

234

从右上角开始，按照逆时针方向向内进行。点绕着正方形顺时针方向移动。问号处图形如图所示。

235

23 个。

236

D。其他的图形都是对称图形。

237

公式为：（右 × 左 - 上）× 圆圈黑色部分 = 下。

238

1。在每个圆中，先把上面两格中的数字平方，所得结果相加，就是最下面的数字。

239

A。后一个正方形中的图形边数和比前一个多 2。

240

将右边第 5 枚硬币放在拐角处的硬币上。

241

隐藏的字母是 F。

242

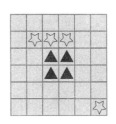

243

排列规律为：

从左上角开始，第 1 列向下，接第 2 列由下往上，接第 3 列由上往下，依此类推。缺失的部分如图所示。

244

100。计算的规则是：每个三角形内的数字之和都等于 200。

245

排列规律为：

从左上角开始，顺时针向内旋转。

应填入：

246

1. 1 个三角形
2. 5 个三角形
3. 13 个三角形
4. 27 个三角形
5. 48 个三角形
6. 78 个三角形

如果 n（n 为每条边上三角形的个数）为偶数，三角形的总数将遵循下面这个公式：

$$\frac{n(n+2)(2n+1)}{8}$$

而如果 n 为奇数，公式应该是：

$$\frac{n(n+2)(2n+1)-1}{8}$$

247

F。每个图形变成比原来多 2 条边的图形，并且排列顺序倒置。

248

17358。所有奇数加 1；所有偶数减 1。

249

11。将每个数字造型的边数乘以 3，再减去该数字本身。

250

D。从左向右沿着每一行移动，图中的圆围绕正方形的边顺时针方向移动 3 格，三角形沿着左上角和右下角的对角线往返移动，小星星从上到下以 Z 字形移动。

251

E。内有从左下往右上方向的线条的正方形，都有向右或者向上的箭头。内有从右下往左上方向线条的正方形，都有向下或者向左的箭头。

252

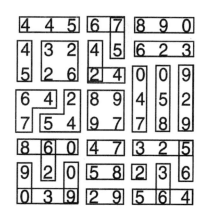

253

D。整个图形按照水平线成镜像，任何有直线的图形都顺时针旋转 90°，最小的圆形消失了。

254

11。每组由圆圈组成的三角形中，从最长一排开始，把3个相邻的数字相加，所得结果填在这些数字的正上方或者正下方中间的位置，从每个三角形的底边向顶角进行计算。

255

11。这是一组质数。

256

往东走到"3"，再往东南走到"3"，最后向南走出迷宫。

257

a。将热气球上的第1个和最后一个数字相乘，减去第2个数字，作为小时数，加上第3个数字，作为分钟数。

258

66。从左向右计算，把前一个数字乘以2，再减去2，就得到下一个数字。

259

D。公式为：（右 × 左边阴影部分）－（上 × 下边阴影部分）＝ 中间图形的边数。在D中填入的图形应当是3边的，因此不符合排列规律。

260

如图，19个瓢虫分别在不同的空间内。

一般情况下，3个三角形相交，最多只能形成19个独立的空间。

这一点很容易证明。2个三角形相交，最多能够形成7个独立的空间，而第3个三角形的每一条边最多能够与4条直线相交，因此它能够与前2个三角形再形成12个新的空间，所以加起来就是19个空间。

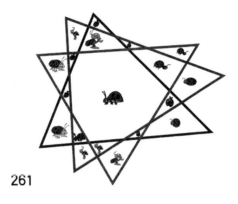

261

D。图形交替旋转180°和90°。圆圈和正方形交换位置，菱形和矩形交换颜色。

262

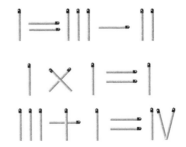

263

C。

264

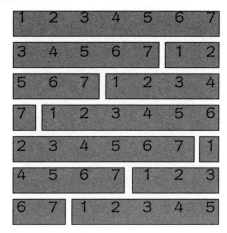

265

第 2 行第 2 列的 1D。

266

D。

267

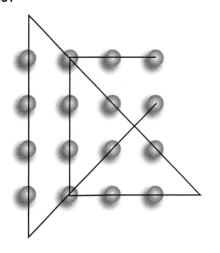

268

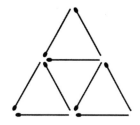

269

如图所示，绳子拉开之后有两个结。

270

时钟数朝后走 3，4，5 和 6。分钟数向前走 4，8，16 和 32。秒钟数向后走 1，2，3 和 4。因此，第 5 个钟面上的时间应该为 21：14：51。

271

如图所示切 6 次。

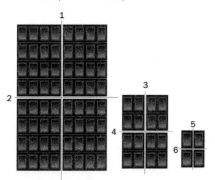

272

D。

273

第 5 行、第 3 列的 2R。

274

B。

275

这个地方是 5 号路与 4 号街的
交叉点。

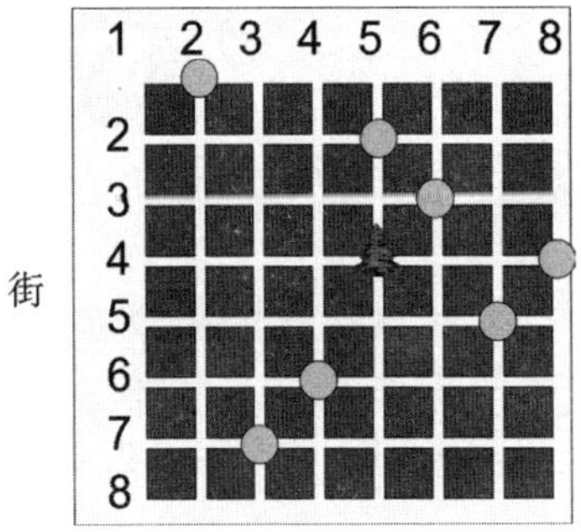

路

276

D。在其他各项中，将直线两端
的横木数量相乘，都得到偶数值，只
有 D 项得到奇数值。

277

3-C。线路 1 到达 2 的位置，线
路 2 到达 1 的位置。

278

所需数值是 6。右边盒子在秤上

显示的重量是 9 个单位，而左边则
是 3 个单位。所以，6×9（54） 与
18×3(54)可以使秤的两边保持平衡。

279

G。

280

倒 6 次即可解决问题，有 4 种不
同方法，其中一种解法如下页图所示。

281

D。圆圈和三角形交替变换位置。

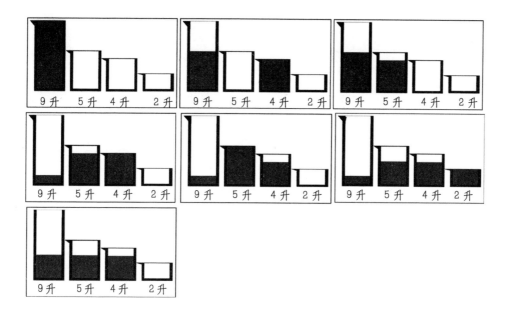